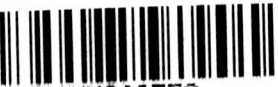

歴史散歩便利帳

編集　野呂肖生

山川出版社

目　次

年　代　表

◎西暦は1582年10月4日までユリウス暦，翌5日からグレゴリオ暦。
◎閏月は干支の後に丸数字で示した。
◎改元月日は1871年まで太陰太陽暦である。
◎天皇即位は践祚年としたが，桓武以前は実質的な即位年を採用。
◎南北朝期(1331～92年)の(北)は北朝，(南)は南朝を示す。
◎10年ごとの年代区切りは，便宜上0～9年とした。

西暦	干支	年　号	天皇
593	癸丑	(推古元)	推古
594	甲寅⑧	(　2)	
595	乙卯	(　3)	
596	丙辰	(　4)	
597	丁巳④	(　5)	
598	戊午	(　6)	
599	己未	(　7)	
600	庚申①	(　8)	
601	辛酉	(　9)	
602	壬戌⑩	(　10)	
603	癸亥	(　11)	
604	甲子	(　12)	
605	乙丑⑦	(　13)	
606	丙寅	(　14)	
607	丁卯	(　15)	
608	戊辰③	(　16)	
609	己巳	(　17)	
610	庚午⑪	(　18)	
611	辛未	(　19)	
612	壬申	(　20)	
613	癸酉⑧	(　21)	
614	甲戌	(　22)	
615	乙亥	(　23)	
616	丙子⑤	(　24)	
617	丁丑	(　25)	
618	戊寅	(　26)	
619	己卯①	(　27)	
620	庚辰	(　28)	
621	辛巳⑩	(　29)	
622	壬午	(　30)	
623	癸未	(　31)	
624	甲申⑦	(　32)	
625	乙酉	(　33)	
626	丙戌	(　34)	
627	丁亥③	(　35)	

西暦	干支	年　号	改元	天皇
628	戊子	(推古36)		推古
629	己丑⑫	(舒明元)		舒明
630	庚寅	(　2)		
631	辛卯	(　3)		
632	壬辰⑧	(　4)		
633	癸巳	(　5)		
634	甲午	(　6)		
635	乙未⑤	(　7)		
636	丙申	(　8)		
637	丁酉	(　9)		
638	戊戌②	(　10)		
639	己亥	(　11)		
640	庚子⑩	(　12)		
641	辛丑	(　13)		
642	壬寅	(皇極元)		皇極
643	癸卯⑦	(　2)		
644	甲辰	(　3)		
645	乙巳	大化元	6.19	孝徳
646	丙午③	2		
647	丁未	3		
648	戊申⑫	4		
649	己酉	5		
650	庚戌	白雉元	2.15	
651	辛亥⑨	2		
652	壬子	3		
653	癸丑	4		
654	甲寅⑤	5		
655	乙卯	(斉明元)		斉明
656	丙辰	(　2)		
657	丁巳①	(　3)		
658	戊午	(　4)		
659	己未⑩	(　5)		
660	庚申	(　6)		
661	辛酉	(　7)		天智

西暦	干支	年　号	改元	天皇
662	壬戌⑦	(天智元)		天智
663	癸亥	(　2)		
664	甲子	(　3)		
665	乙丑③	(　4)		
666	丙寅	(　5)		
667	丁卯⑪	(　6)		
668	戊辰	(　7)		
669	己巳	(　8)		
670	庚午⑨	(　9)		
671	辛未	(　10)		弘文
672	壬申	(弘文元)		
		(天武元)		
673	癸酉⑥	(　2)		天武
674	甲戌	(　3)		
675	乙亥	(　4)		
676	丙子②	(　5)		
677	丁丑	(　6)		
678	戊寅⑩	(　7)		
679	己卯	(　8)		
680	庚辰	(　9)		
681	辛巳⑦	(　10)		
682	壬午	(　11)		
683	癸未	(　12)		
684	甲申④	(　13)		
685	乙酉	(　14)		
686	丙戌⑫	朱鳥元	7.20	持統
687	丁亥	(持統元)		
688	戊子	(　2)		
689	己丑⑧	(　3)		
690	庚寅	(　4)		
691	辛卯	(　5)		
692	壬辰⑤	(　6)		
693	癸巳	(　7)		
694	甲午	(　8)		
695	乙未②	(　9)		
696	丙申	(　10)		
697	丁酉⑫	(文武元)		文武
698	戊戌	(　2)		
699	己亥	(　3)		
700	庚子⑦	(　4)		
701	辛丑	大宝元	3.21	
702	壬寅	2		

西暦	干支	年　号	改元	天皇
703	癸卯④	大宝 3		文武
704	甲辰	慶雲元	5.10	
705	乙巳	2		
706	丙午①	3		
707	丁未	4		元明
708	戊申⑧	和銅元	1.11	
709	己酉	2		
710	庚戌	3		
711	辛亥⑥	4		
712	壬子	5		
713	癸丑	6		
714	甲寅②	7		
715	乙卯	霊亀元	9. 2	元正
716	丙辰⑪	2		
717	丁巳	養老元	11.17	
718	戊午	2		
719	己未⑦	3		
720	庚申	4		
721	辛酉	5		
722	壬戌④	6		
723	癸亥	7		
724	甲子	神亀元	2. 4	聖武
725	乙丑①	2		
726	丙寅	3		
727	丁卯⑨	4		
728	戊辰	5		
729	己巳	天平元	8. 5	
730	庚午⑥	2		
731	辛未	3		
732	壬申	4		
733	癸酉③	5		
734	甲戌	6		
735	乙亥⑪	7		
736	丙子	8		
737	丁丑	9		
738	戊寅⑦	10		
739	己卯	11		
740	庚辰	12		
741	辛巳③	13		
742	壬午	14		
743	癸未	15		
744	甲申①	16		

西暦	干支	年　号	改元	天皇
745	乙酉	天平17		聖武
746	丙戌⑨	18		
747	丁亥	19		
748	戊子	20		
749	己丑⑤	天平感宝元	4.14	孝謙
		天平勝宝元	7. 2	
750	庚寅	2		
751	辛卯	3		
752	壬辰③	4		
753	癸巳	5		
754	甲午⑩	6		
755	乙未	7		
756	丙申	8		
757	丁酉⑧	天平宝字元	8.18	
758	戊戌	2		淳仁
759	己亥	3		
760	庚子④	4		
761	辛丑	5		
762	壬寅⑫	6		
763	癸卯	7		
764	甲辰	8		称徳
765	乙巳⑩	天平神護元	1. 7	
766	丙午	2		
767	丁未	神護景雲元	8.16	
768	戊申⑥	2		
769	己酉	3		
770	庚戌	宝亀元	10. 1	光仁
771	辛亥③	2		
772	壬子	3		
773	癸丑⑪	4		
774	甲寅	5		
775	乙卯	6		
776	丙辰⑧	7		
777	丁巳	8		
778	戊午	9		
779	己未⑤	10		
780	庚申	11		
781	辛酉	天応元	1. 1	桓武
782	壬戌①	延暦元	8.19	
783	癸亥	2		
784	甲子⑨	3		
785	乙丑	4		

西暦	干支	年　号	改元	天皇
786	丙寅	延暦 5		桓武
787	丁卯⑤	6		
788	戊辰	7		
789	己巳	8		
790	庚午③	9		
791	辛未	10		
792	壬申⑪	11		
793	癸酉	12		
794	甲戌	13		
795	乙亥⑦	14		
796	丙子	15		
797	丁丑	16		
798	戊寅⑤	17		
799	己卯	18		
800	庚辰	19		
801	辛巳①	20		
802	壬午	21		
803	癸未⑩	22		
804	甲申	23		
805	乙酉	24		
806	丙戌⑥	大同元	5.18	平城
807	丁亥	2		
808	戊子	3		
809	己丑②	4		嵯峨
810	庚寅	弘仁元	9.19	
811	辛卯⑫	2		
812	壬辰	3		
813	癸巳	4		
814	甲午⑦	5		
815	乙未	6		
816	丙申	7		
817	丁酉④	8		
818	戊戌	9		
819	己亥	10		
820	庚子①	11		
821	辛丑	12		
822	壬寅⑨	13		
823	癸卯	14		淳和
824	甲辰	天長元	1. 5	
825	乙巳⑦	2		
826	丙午	3		
827	丁未	4		

西暦	干支	年号	改元	天皇
828	戊申③	天長 5		淳和
829	己酉	6		
830	庚戌⑫	7		
831	辛亥	8		
832	壬子	9		
833	癸丑⑦	10		仁明
834	甲寅	承和元	1. 3	
835	乙卯	2		
836	丙辰⑤	3		
837	丁巳	4		
838	戊午	5		
839	己未①	6		
840	庚申	7		
841	辛酉⑨	8		
842	壬戌	9		
843	癸亥	10		
844	甲子⑦	11		
845	乙丑	12		
846	丙寅	13		
847	丁卯③	14		
848	戊辰	嘉祥元	6.13	
849	己巳⑫	2		
850	庚午	3		文徳
851	辛未	仁寿元	4.28	
852	壬申⑧	2		
853	癸酉	3		
854	甲戌	斉衡元	11.30	
855	乙亥④	2		
856	丙子	3		
857	丁丑	天安元	2.21	
858	戊寅②	2		清和
859	己卯	貞観元	4.15	
860	庚辰⑩	2		
861	辛巳	3		
862	壬午	4		
863	癸未⑥	5		
864	甲申	6		
865	乙酉	7		
866	丙戌③	8		
867	丁亥	9		
868	戊子⑫	10		
869	己丑	11		
870	庚寅	貞観12		清和
871	辛卯⑧	13		
872	壬辰	14		
873	癸巳	15		
874	甲午④	16		
875	乙未	17		
876	丙申	18		陽成
877	丁酉②	元慶元	4.16	
878	戊戌	2		
879	己亥⑩	3		
880	庚子	4		
881	辛丑	5		
882	壬寅⑦	6		
883	癸卯	7		
884	甲辰	8		光孝
885	乙巳③	仁和元	2.21	
886	丙午	2		
887	丁未⑪	3		宇多
888	戊申	4		
889	己酉	寛平元	4.27	
890	庚戌⑨	2		
891	辛亥	3		
892	壬子	4		
893	癸丑⑤	5		
894	甲寅	6		
895	乙卯	7		
896	丙辰①	8		
897	丁巳	9		醍醐
898	戊午⑩	昌泰元	4.26	
899	己未	2		
900	庚申	3		
901	辛酉⑥	延喜元	7.15	
902	壬戌	2		
903	癸亥	3		
904	甲子③	4		
905	乙丑	5		
906	丙寅⑫	6		
907	丁卯	7		
908	戊辰	8		
909	己巳⑧	9		
910	庚午	10		
911	辛未	11		

西暦	干支	年　号	改元	天皇
912	壬申⑤	延喜12		醍醐
913	癸酉	13		
914	甲戌	14		
915	乙亥②	15		
916	丙子	16		
917	丁丑⑩	17		
918	戊寅	18		
919	己卯	19		
920	庚辰⑥	20		
921	辛巳	21		
922	壬午	22		
923	癸未④	延長元	4.11	
924	甲申	2		
925	乙酉⑫	3		
926	丙戌	4		
927	丁亥	5		
928	戊子⑧	6		
929	己丑	7		
930	庚寅	8		朱雀
931	辛卯⑤	承平元	4.26	
932	壬辰	2		
933	癸巳	3		
934	甲午①	4		
935	乙未	5		
936	丙申⑪	6		
937	丁酉	7		
938	戊戌	天慶元	5.22	
939	己亥⑦	2		
940	庚子	3		
941	辛丑	4		
942	壬寅③	5		
943	癸卯	6		
944	甲辰⑫	7		
945	乙巳	8		
946	丙午	9		村上
947	丁未⑦	天暦元	4.22	
948	戊申	2		
949	己酉	3		
950	庚戌⑤	4		
951	辛亥	5		
952	壬子	6		
953	癸丑①	7		

西暦	干支	年　号	改元	天皇
954	甲寅	天暦 8		村上
955	乙卯⑨	9		
956	丙辰	10		
957	丁巳	天徳元	10.27	
958	戊午⑦	2		
959	己未	3		
960	庚申	4		
961	辛酉③	応和元	2.16	
962	壬戌	2		
963	癸亥⑫	3		
964	甲子	康保元	7.10	
965	乙丑	2		
966	丙寅⑧	3		
967	丁卯	4		冷泉
968	戊辰	安和元	8.13	
969	己巳⑤	2		円融
970	庚午	天禄元	3.25	
971	辛未	2		
972	壬申②	3		
973	癸酉	天延元	12.20	
974	甲戌⑩	2		
975	乙亥	3		
976	丙子	貞元元	7.13	
977	丁丑⑦	2		
978	戊寅	天元元	11.29	
979	己卯	2		
980	庚辰③	3		
981	辛巳	4		
982	壬午⑫	5		
983	癸未	永観元	4.15	
984	甲申	2		花山
985	乙酉⑧	寛和元	4.27	
986	丙戌	2		一条
987	丁亥	永延元	4. 5	
988	戊子⑤	2		
989	己丑	永祚元	8. 8	
990	庚寅	正暦元	11. 7	
991	辛卯②	2		
992	壬辰	3		
993	癸巳⑩	4		
994	甲午	5		
995	乙未	長徳元	2.22	

西暦	干支	年　号	改元	天皇
996	丙申⑦	長徳 2		一条
997	丁酉	3		
998	戊戌	4		
999	己亥③	長保元	1.13	
1000	庚子	2		
1001	辛丑⑫	3		
1002	壬寅	4		
1003	癸卯	5		
1004	甲辰⑨	寛弘元	7.20	
1005	乙巳	2		
1006	丙午	3		
1007	丁未⑤	4		
1008	戊申	5		
1009	己酉	6		
1010	庚戌②	7		
1011	辛亥	8		三条
1012	壬子⑩	長和元	12.25	
1013	癸丑	2		
1014	甲寅	3		
1015	乙卯⑥	4		
1016	丙辰	5		後一条
1017	丁巳	寛仁元	4.23	
1018	戊午④	2		
1019	己未	3		
1020	庚申⑫	4		
1021	辛酉	治安元	2. 2	
1022	壬戌	2		
1023	癸亥⑨	3		
1024	甲子	万寿元	7.13	
1025	乙丑	2		
1026	丙寅⑤	3		
1027	丁卯	4		
1028	戊辰	長元元	7.25	
1029	己巳②	2		
1030	庚午	3		
1031	辛未⑩	4		
1032	壬申	5		
1033	癸酉	6		
1034	甲戌⑥	7		
1035	乙亥	8		
1036	丙子	9		後朱雀
1037	丁丑④	長暦元	4.21	
1038	戊寅	長暦 2		後朱雀
1039	己卯⑫	3		
1040	庚辰	長久元	11.10	
1041	辛巳	2		
1042	壬午⑨	3		
1043	癸未	4		
1044	甲申	寛徳元	11.24	
1045	乙酉⑤	2		後冷泉
1046	丙戌	永承元	4.14	
1047	丁亥	2		
1048	戊子①	3		
1049	己丑	4		
1050	庚寅⑩	5		
1051	辛卯	6		
1052	壬辰	7		
1053	癸巳⑦	天喜元	1.11	
1054	甲午	2		
1055	乙未	3		
1056	丙申③	4		
1057	丁酉	5		
1058	戊戌⑫	康平元	8.29	
1059	己亥	2		
1060	庚子	3		
1061	辛丑⑧	4		
1062	壬寅	5		
1063	癸卯	6		
1064	甲辰⑤	7		
1065	乙巳	治暦元	8. 2	
1066	丙午	2		
1067	丁未①	3		
1068	戊申	4		後三条
1069	己酉⑩	延久元	4.13	
1070	庚戌	2		
1071	辛亥	3		
1072	壬子⑦	4		白河
1073	癸丑	5		
1074	甲寅	承保元	8.23	
1075	乙卯④	2		
1076	丙辰	3		
1077	丁巳⑫	承暦元	11.17	
1078	戊午	2		
1079	己未	3		

西暦	干支	年号	改元	天皇
1080	庚申⑧	承暦 4		白河
1081	辛酉	永保元	2.10	
1082	壬戌	2		
1083	癸亥⑥	3		
1084	甲子	応徳元	2. 7	
1085	乙丑	2		
1086	丙寅②	3		堀河
1087	丁卯	寛治元	4. 7	
1088	戊辰⑩	2		
1089	己巳	3		
1090	庚午	4		
1091	辛未⑦	5		
1092	壬申	6		
1093	癸酉	7		
1094	甲戌③	嘉保元	12.15	
1095	乙亥	2		
1096	丙子	永長元	12.17	
1097	丁丑①	承徳元	11.21	
1098	戊寅	2		
1099	己卯⑨	康和元	8.28	
1100	庚辰	2		
1101	辛巳	3		
1102	壬午⑤	4		
1103	癸未	5		
1104	甲申	長治元	2.10	
1105	乙酉②	2		
1106	丙戌	嘉承元	4. 9	
1107	丁亥⑩	2		鳥羽
1108	戊子	天仁元	8. 3	
1109	己丑	2		
1110	庚寅⑦	天永元	7.13	
1111	辛卯	2		
1112	壬辰	3		
1113	癸巳③	永久元	7.13	
1114	甲午	2		
1115	乙未	3		
1116	丙申①	4		
1117	丁酉	5		
1118	戊戌⑨	元永元	4. 3	
1119	己亥	2		
1120	庚子	保安元	4.10	
1121	辛丑⑤	2		
1122	壬寅	保安 3		鳥羽
1123	癸卯	4		崇徳
1124	甲辰②	天治元	4. 3	
1125	乙巳	2		
1126	丙午⑩	大治元	1.22	
1127	丁未	2		
1128	戊申	3		
1129	己酉⑦	4		
1130	庚戌	5		
1131	辛亥	天承元	1.29	
1132	壬子④	長承元	8.11	
1133	癸丑	2		
1134	甲寅⑫	3		
1135	乙卯	保延元	4.27	
1136	丙辰	2		
1137	丁巳⑨	3		
1138	戊午	4		
1139	己未	5		
1140	庚申⑤	6		
1141	辛酉	永治元	7.10	近衛
1142	壬戌	康治元	4.28	
1143	癸亥②	2		
1144	甲子	天養元	2.23	
1145	乙丑⑩	久安元	7.22	
1146	丙寅	2		
1147	丁卯	3		
1148	戊辰⑥	4		
1149	己巳	5		
1150	庚午	6		
1151	辛未④	仁平元	1.26	
1152	壬申	2		
1153	癸酉⑫	3		
1154	甲戌	久寿元	10.28	
1155	乙亥	2		後白河
1156	丙子⑨	保元元	4.27	
1157	丁丑	2		
1158	戊寅	3		二条
1159	己卯⑤	平治元	4.20	
1160	庚辰	永暦元	1.10	
1161	辛巳	応保元	9. 4	
1162	壬午②	2		
1163	癸未	長寛元	3.29	

西暦	干　支	年　号	改元	天　皇	将　軍	執　権
1164	甲申⑩	長寛 2		二条		
1165	乙酉	永万元	6. 5	六条		
1166	丙戌	仁安元	8.27			
1167	丁亥⑦	2				
1168	戊子	3		高倉		
1169	己丑	嘉応元	4. 8			
1170	庚寅④	2				
1171	辛卯	承安元	4.21			
1172	壬辰⑫	2				
1173	癸巳	3				
1174	甲午	4				
1175	乙未⑨	安元元	7.28			
1176	丙申	2				
1177	丁酉	治承元	8. 4			
1178	戊戌⑥	2				
1179	己亥	3				
1180	庚子	4		安徳		
1181	辛丑②	養和元	7.14	(～85)		
1182	壬寅	寿永元	5.27			
1183	癸卯⑩	2		後鳥羽		
1184	甲辰	元暦元	4.16			
1185	乙巳	文治元	8.14			
1186	丙午⑦	2				
1187	丁未	3				
1188	戊申	4				
1189	己酉④	5				
1190	庚戌	建久元	4.11			
1191	辛亥⑫	2				
1192	壬子	3			源頼朝	
1193	癸丑	4				
1194	甲寅⑧	5				
1195	乙卯	6				
1196	丙辰	7				
1197	丁巳⑥	8				
1198	戊午	9		土御門		
1199	己未	正治元	4.27			
1200	庚申②	2				
1201	辛酉	建仁元	2.13			
1202	壬戌⑩	2			源頼家	
1203	癸亥	3			源実朝	北条時政
1204	甲子	元久元	2.20			
1205	乙丑⑦	2				北条義時

西暦	干支	年号	改元	天皇	将軍	執権
1206	丙寅	建永元	4.27	土御門	源実朝	北条義時
1207	丁卯	承元元	10.25			
1208	戊辰④	2				
1209	己巳	3				
1210	庚午	4		順徳		
1211	辛未①	建暦元	3. 9			
1212	壬申	2				
1213	癸酉⑨	建保元	12. 6			
1214	甲戌	2				
1215	乙亥	3				
1216	丙子⑥	4				
1217	丁丑	5				
1218	戊寅	6				
1219	己卯②	承久元	4.12			
1220	庚辰	2				
1221	辛巳⑩	3		仲恭		
				後堀河		
1222	壬午	貞応元	4.13			
1223	癸未	2				
1224	甲申⑦	元仁元	11.20			北条泰時
1225	乙酉	嘉禄元	4.20			
1226	丙戌	2			藤原頼経	
1227	丁亥③	安貞元	12.10			
1228	戊子	2				
1229	己丑	寛喜元	3. 5			
1230	庚寅①	2				
1231	辛卯	3				
1232	壬辰⑨	貞永元	4. 2	四条		
1233	癸巳	天福元	4.15			
1234	甲午	文暦元	11. 5			
1235	乙未⑥	嘉禎元	9.19			
1236	丙申	2				
1237	丁酉	3				
1238	戊戌②	暦仁元	11.23			
1239	己亥	延応元	2. 7			
1240	庚子⑩	仁治元	7.16			
1241	辛丑	2				
1242	壬寅	3		後嵯峨		北条経時
1243	癸卯⑦	寛元元	2.26			
1244	甲辰	2			藤原頼嗣	
1245	乙巳	3				
1246	丙午④	4		後深草		北条時頼

西暦	干　支	年　号	改元	天　皇	将　軍	執　権
1247	丁未	宝治元	2.28	後深草	藤原頼嗣	北条時頼
1248	戊申⑫	2				
1249	己酉	建長元	3.18			
1250	庚戌	2				
1251	辛亥⑨	3				
1252	壬子	4			宗尊親王	
1253	癸丑	5				
1254	甲寅⑤	6				
1255	乙卯	7				
1256	丙辰	康元元	10. 5			北条長時
1257	丁巳③	正嘉元	3.14			
1258	戊午	2				
1259	己未⑩	正元元	3.26	亀山		
1260	庚申	文応元	4.13			
1261	辛酉	弘長元	2.20			
1262	壬戌⑦	2				
1263	癸亥	3				
1264	甲子	文永元	2.28			北条政村
1265	乙丑④	2				
1266	丙寅	3			惟康親王	
1267	丁卯	4				
1268	戊辰①	5				北条時宗
1269	己巳	6				
1270	庚午⑨	7				
1271	辛未	8				
1272	壬申	9				
1273	癸酉⑤	10				
1274	甲戌	11		後宇多		
1275	乙亥	建治元	4.25			
1276	丙子③	2				
1277	丁丑	3				
1278	戊寅⑩	弘安元	2.29			
1279	己卯	2				
1280	庚辰	3				
1281	辛巳⑦	4				
1282	壬午	5				
1283	癸未	6				
1284	甲申④	7				北条貞時
1285	乙酉	8				
1286	丙戌⑫	9				
1287	丁亥	10		伏見		
1288	戊子	正応元	4.28			

西暦	干　支	年　号	改元	天　皇	将　軍	執　権
1289	己丑⑩	正応 2		伏見	久明親王	北条貞時
1290	庚寅	3				
1291	辛卯	4				
1292	壬辰⑥	5				
1293	癸巳	永仁元	8. 5			
1294	甲午	2				
1295	乙未②	3				
1296	丙申	4				
1297	丁酉⑩	5				
1298	戊戌	6		後伏見		
1299	己亥	正安元	4.25			
1300	庚子⑦	2				
1301	辛丑	3		後二条		北条師時
1302	壬寅	乾元元	11.21			
1303	癸卯④	嘉元元	8. 5			
1304	甲辰	2				
1305	乙巳⑫	3				
1306	丙午	徳治元	12.14			
1307	丁未	2				
1308	戊申⑧	延慶元	10. 9	花園	守邦親王	
1309	己酉	2				
1310	庚戌	3				
1311	辛亥⑥	応長元	4.28			大仏宗宣
1312	壬子	正和元	3.20			北条熙時
1313	癸丑	2				
1314	甲寅③	3				
1315	乙卯	4				北条基時
1316	丙辰⑩	5				北条高時
1317	丁巳	文保元	2. 3			
1318	戊午	2		後醍醐		
1319	己未⑦	元応元	4.28			
1320	庚申	2				
1321	辛酉	元亨元	2.23			
1322	壬戌⑤	2				
1323	癸亥	3				
1324	甲子	正中元	12. 9			
1325	乙丑①	2				
1326	丙寅	嘉暦元	4.26			金沢貞顕
1327	丁卯⑨	2				赤橋守時
1328	戊辰	3				
1329	己巳	元徳元	8.29			
1330	庚午⑥	2				

西暦	干　支	(北)年号	改元	(南)年号	改元	(北)天皇	(南)天皇	将　軍
1331	辛未	元徳 3		元弘元	8. 9	光厳	後醍醐	守邦親王
1332	壬申	正慶元	4.28	2				
1333	癸酉②	2		3				
1334	甲戌	建武元	1.29	建武元	1.29	光明		
1335	乙亥⑩	2		2				
1336	丙子	3		延元元	2.29			
1337	丁丑	4		2				
1338	戊寅⑦	暦応元	8.28	3				足利尊氏
1339	己卯	2		4			後村上	
1340	庚辰	3		興国元	4.28			
1341	辛巳④	4		2				
1342	壬午	康永元	4.27	3				
1343	癸未	2		4				
1344	甲申②	3		5				
1345	乙酉	貞和元	10.21	6				
1346	丙戌⑨	2		正平元	12. 8			
1347	丁亥	3		2				
1348	戊子	4		3		崇光		
1349	己丑⑥	5		4				
1350	庚寅	観応元	2.27	5				
1351	辛卯	2		6				
1352	壬辰②	文和元	9.27	7		後光厳		
1353	癸巳	2		8				
1354	甲午⑩	3		9				
1355	乙未	4		10				
1356	丙申	延文元	3.28	11				
1357	丁酉⑦	2		12				
1358	戊戌	3		13				足利義詮
1359	己亥	4		14				
1360	庚子④	5		15				
1361	辛丑	康安元	3.29	16				
1362	壬寅	貞治元	9.23	17				
1363	癸卯①	2		18				
1364	甲辰	3		19				
1365	乙巳⑨	4		20				
1366	丙午	5		21				
1367	丁未	6		22				
1368	戊申⑥	応安元	2.18	23			長慶	足利義満
1369	己酉	2		24				
1370	庚戌	3		建徳元	7.24			
1371	辛亥③	4		2		後円融		
1372	壬子	5		文中元	4.？			

西暦	干支	(北)年号	改元	(南)年号	改元	(北)天皇	(南)天皇	将軍
1373	癸丑⑩	応安 6		文中 2		後円融	長慶	足利義満
1374	甲寅	7		3				
1375	乙卯	永和元	2.27	天授元	5.27			
1376	丙辰⑦	2		2				
1377	丁巳	3		3				
1378	戊午	4		4				
1379	己未④	康暦元	3.22	5				
1380	庚申	2		6				
1381	辛酉	永徳元	2.24	弘和元	2.10			
1382	壬戌①	2		2		後小松		
1383	癸亥	3		3			後亀山	
1384	甲子⑨	至徳元	2.27	元中元	4.28			
1385	乙丑	2		2				
1386	丙寅	3		3				
1387	丁卯⑤	嘉慶元	8.23	4				
1388	戊辰	2		5				
1389	己巳	康応元	2. 9	6				
1390	庚午③	明徳元	3.26	7				
1391	辛未	2		8				
1392	壬申⑩	3		9				

西暦	干支	年号	改元	天皇	将軍
1393	癸酉	明徳 4		後小松	足利義満
1394	甲戌	応永元	7. 5		足利義持
1395	乙亥⑦	2			
1396	丙子	3			
1397	丁丑	4			
1398	戊寅④	5			
1399	己卯	6			
1400	庚辰	7			
1401	辛巳①	8			
1402	壬午	9			
1403	癸未⑩	10			
1404	甲申	11			
1405	乙酉	12			
1406	丙戌⑥	13			
1407	丁亥	14			
1408	戊子	15			
1409	己丑③	16			
1410	庚寅	17			
1411	辛卯⑩	18			
1412	壬辰	19		称光	

西暦	干支	年号	改元	天皇	将軍
1413	癸巳	応永20		称光	足利義持
1414	甲午⑦	21			
1415	乙未	22			
1416	丙申	23			
1417	丁酉⑤	24			
1418	戊戌	25			
1419	己亥	26			
1420	庚子①	27			
1421	辛丑	28			
1422	壬寅⑩	29			
1423	癸卯	30			足利義量
1424	甲辰	31			
1425	乙巳⑥	32			
1426	丙午	33			
1427	丁未	34			
1428	戊申③	正長元	4.27	後花園	
1429	己酉	永享元	9. 5		足利義教
1430	庚戌⑪	2			
1431	辛亥	3			
1432	壬子	4			
1433	癸丑⑦	5			
1434	甲寅	6			
1435	乙卯	7			
1436	丙辰⑤	8			
1437	丁巳	9			
1438	戊午	10			
1439	己未①	11			
1440	庚申	12			
1441	辛酉⑨	嘉吉元	2.17		
1442	壬戌	2			足利義勝
1443	癸亥	3			
1444	甲子⑥	文安元	2. 5		
1445	乙丑	2			
1446	丙寅	3			
1447	丁卯②	4			
1448	戊辰	5			
1449	己巳⑩	宝徳元	7.28		足利義政
1450	庚午	2			
1451	辛未	3			
1452	壬申⑧	享徳元	7.25		
1453	癸酉	2			
1454	甲戌	3			

西暦	干支	年号	改元	天皇	将軍
1455	乙亥④	康正元	7.25	後花園	足利義政
1456	丙子	2			
1457	丁丑	長禄元	9.28		
1458	戊寅①	2			
1459	己卯	3			
1460	庚辰⑨	寛正元	12.21		
1461	辛巳	2			
1462	壬午	3			
1463	癸未⑥	4			
1464	甲申	5		後土御門	
1465	乙酉	6			
1466	丙戌②	文正元	2.28		
1467	丁亥	応仁元	3. 5		
1468	戊子⑩	2			
1469	己丑	文明元	4.28		
1470	庚寅	2			
1471	辛卯⑧	3			
1472	壬辰	4			
1473	癸巳	5			足利義尚
1474	甲午⑤	6			
1475	乙未	7			
1476	丙申	8			
1477	丁酉①	9			
1478	戊戌	10			
1479	己亥⑨	11			
1480	庚子	12			
1481	辛丑	13			
1482	壬寅⑦	14			
1483	癸卯	15			
1484	甲辰	16			
1485	乙巳③	17			
1486	丙午	18			
1487	丁未⑪	長享元	7.20		
1488	戊申	2			
1489	己酉	延徳元	8.21		
1490	庚戌⑧	2			足利義稙
1491	辛亥	3			
1492	壬子	明応元	7.19		
1493	癸丑④	2			
1494	甲寅	3			足利義澄
1495	乙卯	4			
1496	丙辰②	5			

西暦	干　支	年　号	改元	天　皇	将　軍
1497	丁巳	明応 6		後土御門	足利義澄
1498	戊午⑩	7			
1499	己未	8			
1500	庚申	9		後柏原	
1501	辛酉⑥	文亀元	2.29		
1502	壬戌	2			
1503	癸亥	3			
1504	甲子③	永正元	2.30		
1505	乙丑	2			
1506	丙寅⑪	3			
1507	丁卯	4			
1508	戊辰	5			足利義稙
1509	己巳⑧	6			
1510	庚午	7			
1511	辛未	8			
1512	壬申④	9			
1513	癸酉	10			
1514	甲戌	11			
1515	乙亥②	12			
1516	丙子	13			
1517	丁丑⑩	14			
1518	戊寅	15			
1519	己卯	16			
1520	庚辰⑥	17			
1521	辛巳	大永元	8.23		足利義晴
1522	壬午	2			
1523	癸未③	3			
1524	甲申	4			
1525	乙酉⑪	5			
1526	丙戌	6		後奈良	
1527	丁亥	7			
1528	戊子⑨	享禄元	8.20		
1529	己丑	2			
1530	庚寅	3			
1531	辛卯⑤	4			
1532	壬辰	天文元	7.29		
1533	癸巳	2			
1534	甲午①	3			
1535	乙未	4			
1536	丙申⑩	5			
1537	丁酉	6			
1538	戊戌	7			

西暦	干支	年号	改元	天皇	将軍
1539	己亥⑥	天文 8		後奈良	足利義晴
1540	庚子	9			
1541	辛丑	10			
1542	壬寅③	11			
1543	癸卯	12			
1544	甲辰⑪	13			
1545	乙巳	14			
1546	丙午	15			足利義輝
1547	丁未⑦	16			
1548	戊申	17			
1549	己酉	18			
1550	庚戌⑤	19			
1551	辛亥	20			
1552	壬子	21			
1553	癸丑①	22			
1554	甲寅	23			
1555	乙卯⑩	弘治元	10.23		
1556	丙辰	2			
1557	丁巳	3		正親町	
1558	戊午⑥	永禄元	2.28		
1559	己未	2			
1560	庚申	3			
1561	辛酉③	4			
1562	壬戌	5			
1563	癸亥⑫	6			
1564	甲子	7			
1565	乙丑	8			
1566	丙寅⑧	9			
1567	丁卯	10			
1568	戊辰	11			足利義栄 足利義昭
1569	己巳⑤	12			
1570	庚午	元亀元	4.23		
1571	辛未	2			
1572	壬申①	3			
1573	癸酉	天正元	7.28		
1574	甲戌⑪	2			
1575	乙亥	3			
1576	丙子	4			
1577	丁丑⑦	5			
1578	戊寅	6			
1579	己卯	7			

西暦	干支	年号	改元	天皇	将軍
1580	庚辰③	天正 8		正親町	
1581	辛巳	9			
1582	壬午	10			
1583	癸未①	11			
1584	甲申	12			
1585	乙酉⑧	13			
1586	丙戌	14		後陽成	
1587	丁亥	15			
1588	戊子⑤	16			
1589	己丑	17			
1590	庚寅	18			
1591	辛卯①	19			
1592	壬辰	文禄元	12. 8		
1593	癸巳⑨	2			
1594	甲午	3			
1595	乙未	4			
1596	丙申⑦	慶長元	10.27		
1597	丁酉	2			
1598	戊戌	3			
1599	己亥③	4			
1600	庚子	5			
1601	辛丑⑪	6			
1602	壬寅	7			
1603	癸卯	8			徳川家康
1604	甲辰⑧	9			
1605	乙巳	10			徳川秀忠
1606	丙午	11			
1607	丁未④	12			
1608	戊申	13			
1609	己酉	14			
1610	庚戌②	15			
1611	辛亥	16		後水尾	
1612	壬子⑩	17			
1613	癸丑	18			
1614	甲寅	19			
1615	乙卯⑥	元和元	7.13		
1616	丙辰	2			
1617	丁巳	3			
1618	戊午③	4			
1619	己未	5			
1620	庚申⑫	6			
1621	辛酉	7			

西暦	干支	年号	改元	天皇	将軍
1622	壬戌	元和 8		後水尾	徳川秀忠
1623	癸亥⑧	9			徳川家光
1624	甲子	寛永元	2.30		
1625	乙丑	2			
1626	丙寅④	3			
1627	丁卯	4			
1628	戊辰	5			
1629	己巳②	6		明正	
1630	庚午	7			
1631	辛未⑩	8			
1632	壬申	9			
1633	癸酉	10			
1634	甲戌⑦	11			
1635	乙亥	12			
1636	丙子	13			
1637	丁丑③	14			
1638	戊寅	15			
1639	己卯⑪	16			
1640	庚辰	17			
1641	辛巳	18			
1642	壬午⑨	19			
1643	癸未	20		後光明	
1644	甲申	正保元	12.16		
1645	乙酉⑤	2			
1646	丙戌	3			
1647	丁亥	4			
1648	戊子①	慶安元	2.15		
1649	己丑	2			
1650	庚寅⑩	3			
1651	辛卯	4			徳川家綱
1652	壬辰	承応元	9.18		
1653	癸巳⑥	2			
1654	甲午	3		後西	
1655	乙未	明暦元	4.13		
1656	丙申④	2			
1657	丁酉	3			
1658	戊戌⑫	万治元	7.23		
1659	己亥	2			
1660	庚子	3			
1661	辛丑⑧	寛文元	4.25		
1662	壬寅	2			
1663	癸卯	3		霊元	

西暦	干　支	年　号	改元	天　皇	将　軍
1664	甲辰⑤	寛文 4		霊元	徳川家綱
1665	乙巳	5			
1666	丙午	6			
1667	丁未②	7			
1668	戊申	8			
1669	己酉⑩	9			
1670	庚戌	10			
1671	辛亥	11			
1672	壬子⑥	12			
1673	癸丑	延宝元	9.21		
1674	甲寅	2			
1675	乙卯④	3			
1676	丙辰	4			
1677	丁巳⑫	5			
1678	戊午	6			
1679	己未	7			
1680	庚申⑧	8			徳川綱吉
1681	辛酉	天和元	9.29		
1682	壬戌	2			
1683	癸亥⑤	3			
1684	甲子	貞享元	2.21		
1685	乙丑	2			
1686	丙寅③	3			
1687	丁卯	4		東山	
1688	戊辰	元禄元	9.30		
1689	己巳①	2			
1690	庚午	3			
1691	辛未⑧	4			
1692	壬申	5			
1693	癸酉	6			
1694	甲戌⑤	7			
1695	乙亥	8			
1696	丙子	9			
1697	丁丑②	10			
1698	戊寅	11			
1699	己卯⑨	12			
1700	庚辰	13			
1701	辛巳	14			
1702	壬午⑧	15			
1703	癸未	16			
1704	甲申	宝永元	3.13		
1705	乙酉④	2			

西暦	干支	年号	改元	天皇	将軍
1706	丙戌	宝永 3		東山	徳川綱吉
1707	丁亥	4			
1708	戊子①	5			
1709	己丑	6		中御門	徳川家宣
1710	庚寅⑧	7			
1711	辛卯	正徳元	4.25		
1712	壬辰	2			
1713	癸巳⑤	3			徳川家継
1714	甲午	4			
1715	乙未	5			
1716	丙申②	享保元	6.22		徳川吉宗
1717	丁酉	2			
1718	戊戌⑩	3			
1719	己亥	4			
1720	庚子	5			
1721	辛丑⑦	6			
1722	壬寅	7			
1723	癸卯	8			
1724	甲辰④	9			
1725	乙巳	10			
1726	丙午	11			
1727	丁未①	12			
1728	戊申	13			
1729	己酉⑨	14			
1730	庚戌	15			
1731	辛亥	16			
1732	壬子⑤	17			
1733	癸丑	18			
1734	甲寅	19			
1735	乙卯③	20		桜町	
1736	丙辰	元文元	4.28		
1737	丁巳⑪	2			
1738	戊午	3			
1739	己未	4			
1740	庚申⑦	5			
1741	辛酉	寛保元	2.27		
1742	壬戌	2			
1743	癸亥④	3			
1744	甲子	延享元	2.21		
1745	乙丑⑫	2			徳川家重
1746	丙寅	3			
1747	丁卯	4		桃園	

西暦	干支	年号	改元	天皇	将軍
1748	戊辰⑩	寛延元	7.12	桃園	徳川家重
1749	己巳	2			
1750	庚午	3			
1751	辛未⑥	宝暦元	10.27		
1752	壬申	2			
1753	癸酉	3			
1754	甲戌②	4			
1755	乙亥	5			
1756	丙子⑪	6			
1757	丁丑	7			
1758	戊寅	8			
1759	己卯⑦	9			
1760	庚辰	10			徳川家治
1761	辛巳	11			
1762	壬午④	12		後桜町	
1763	癸未	13			
1764	甲申⑫	明和元	6. 2		
1765	乙酉	2			
1766	丙戌	3			
1767	丁亥⑨	4			
1768	戊子	5			
1769	己丑	6			
1770	庚寅⑥	7		後桃園	
1771	辛卯	8			
1772	壬辰	安永元	11.16		
1773	癸巳③	2			
1774	甲午	3			
1775	乙未⑫	4			
1776	丙申	5			
1777	丁酉	6			
1778	戊戌⑦	7			
1779	己亥	8		光格	
1780	庚子	9			
1781	辛丑⑤	天明元	4. 2		
1782	壬寅	2			
1783	癸卯	3			
1784	甲辰①	4			
1785	乙巳	5			
1786	丙午⑩	6			
1787	丁未	7			徳川家斉
1788	戊申	8			
1789	己酉⑥	寛政元	1.25		

西暦	干支	年号	改元	天皇	将軍
1790	庚戌	寛政 2		光格	徳川家斉
1791	辛亥	3			
1792	壬子②	4			
1793	癸丑	5			
1794	甲寅⑪	6			
1795	乙卯	7			
1796	丙辰	8			
1797	丁巳⑦	9			
1798	戊午	10			
1799	己未	11			
1800	庚申④	12			
1801	辛酉	享和元	2.5		
1802	壬戌	2			
1803	癸亥①	3			
1804	甲子	文化元	2.11		
1805	乙丑⑧	2			
1806	丙寅	3			
1807	丁卯	4			
1808	戊辰⑥	5			
1809	己巳	6			
1810	庚午	7			
1811	辛未②	8			
1812	壬申	9			
1813	癸酉⑪	10			
1814	甲戌	11			
1815	乙亥	12			
1816	丙子⑧	13			
1817	丁丑	14		仁孝	
1818	戊寅	文政元	4.22		
1819	己卯④	2			
1820	庚辰	3			
1821	辛巳	4			
1822	壬午①	5			
1823	癸未	6			
1824	甲申⑧	7			
1825	乙酉	8			
1826	丙戌	9			
1827	丁亥⑥	10			
1828	戊子	11			
1829	己丑	12			
1830	庚寅③	天保元	12.10		
1831	辛卯	2			

西暦	干　支	年　号	改元	天　皇	将　軍
1832	壬辰⑪	天保 3		仁孝	徳川家斉
1833	癸巳	4			
1834	甲午	5			
1835	乙未⑦	6			
1836	丙申	7			
1837	丁酉	8			徳川家慶
1838	戊戌④	9			
1839	己亥	10			
1840	庚子	11			
1841	辛丑①	12			
1842	壬寅	13			
1843	癸卯⑨	14			
1844	甲辰	弘化元	12. 2		
1845	乙巳	2			
1846	丙午⑤	3		孝明	
1847	丁未	4			
1848	戊申④	嘉永元	2.28		
1849	己酉	2			
1850	庚戌	3			
1851	辛亥	4			
1852	壬子②	5			
1853	癸丑	6			徳川家定
1854	甲寅⑦	安政元	11.27		
1855	乙卯	2			
1856	丙辰	3			
1857	丁巳⑤	4			
1858	戊午	5			徳川家茂
1859	己未	6			
1860	庚申③	万延元	3.18		
1861	辛酉	文久元	2.19		
1862	壬戌⑧	2			
1863	癸亥	3			
1864	甲子	元治元	2.20		
1865	乙丑⑤	慶応元	4. 7		
1866	丙寅	2			徳川慶喜
1867	丁卯	3		明治	
1868	戊辰④	明治元	9. 8		
1869	己巳	2			
1870	庚午⑩	3			
1871	辛未	4			
1872	壬申	5			
1873	癸酉	6			

西暦	干　支	年　号	改元	天　皇	内　閣(成立月日)
1874	甲戌	明治 7		明治	
1875	乙亥	8			
1876	丙子	9			
1877	丁丑	10			
1878	戊寅	11			
1879	己卯	12			
1880	庚辰	13			
1881	辛巳	14			
1882	壬午	15			
1883	癸未	16			
1884	甲申	17			
1885	乙酉	18			伊藤博文① 12. 22
1886	丙戌	19			
1887	丁亥	20			
1888	戊子	21			黒田清隆 4. 30
1889	己丑	22			山県有朋① 12. 24
1890	庚寅	23			
1891	辛卯	24			松方正義① 5. 6
1892	壬辰	25			伊藤博文② 8. 8
1893	癸巳	26			
1894	甲午	27			
1895	乙未	28			
1896	丙申	29			松方正義② 9. 18
1897	丁酉	30			
1898	戊戌	31			伊藤博文③ 1. 12
					大隈重信① 6. 30
					山県有朋② 11. 8
1899	己亥	32			
1900	庚子	33			伊藤博文④ 10. 19
1901	辛丑	34			桂太郎① 6. 2
1902	壬寅	35			
1903	癸卯	36			
1904	甲辰	37			
1905	乙巳	38			
1906	丙午	39			西園寺公望① 1. 7
1907	丁未	40			
1908	戊申	41			桂太郎② 7. 14
1909	己酉	42			
1910	庚戌	43			
1911	辛亥	44			西園寺公望② 8. 30
1912	壬子	大正元	7.30	大正	桂太郎③ 12. 21
1913	癸丑	2			山本権兵衛① 2. 20

西暦	干　支	年　号	改元	天　皇	内　閣(成立月日)
1914	甲寅	大正 3		大正	大隈重信② 4.16
1915	乙卯	4			
1916	丙辰	5			寺内正毅 10.9
1917	丁巳	6			
1918	戊午	7			原敬 9.29
1919	己未	8			
1920	庚申	9			
1921	辛酉	10			高橋是清 11.13
1922	壬戌	11			加藤友三郎 6.12
1923	癸亥	12			山本権兵衛② 9.2
1924	甲子	13			清浦奎吾 1.7
					加藤高明 6.11
1925	乙丑	14			
1926	丙寅	昭和元	12.25	昭和	若槻礼次郎① 1.30
1927	丁卯	2			田中義一 4.20
1928	戊辰	3			
1929	己巳	4			浜口雄幸 7.2
1930	庚午	5			
1931	辛未	6			若槻礼次郎② 4.14
					犬養毅 12.13
1932	壬申	7			斎藤実 5.26
1933	癸酉	8			
1934	甲戌	9			岡田啓介 7.8
1935	乙亥	10			
1936	丙子	11			広田弘毅 3.9
1937	丁丑	12			林銑十郎 2.2
					近衛文麿① 6.4
1938	戊寅	13			
1939	己卯	14			平沼騏一郎 1.5
					阿部信行 8.30
1940	庚辰	15			米内光政 1.16
					近衛文麿② 7.22
1941	辛巳	16			近衛文麿③ 7.18
					東条英機 10.18
1942	壬午	17			
1943	癸未	18			
1944	甲申	19			小磯国昭 7.22
1945	乙酉	20			鈴木貫太郎 4.7
					東久邇稔彦 8.17
					幣原喜重郎 10.9
1946	丙戌	21			吉田茂① 5.22
1947	丁亥	22			片山哲 5.24

西暦	干 支	年 号	改元	天 皇	内 閣(成立月日)
1948	戊子	昭和23		昭和	芦田均 3.10 吉田茂② 10.15
1949	己丑	24			吉田茂③ 2.16
1950	庚寅	25			
1951	辛卯	26			
1952	壬辰	27			吉田茂④ 10.30
1953	癸巳	28			吉田茂⑤ 5.21
1954	甲午	29			鳩山一郎① 12.10
1955	乙未	30			鳩山一郎② 3.19　③ 11.22
1956	丙申	31			石橋湛山 12.23
1957	丁酉	32			岸信介① 2.25
1958	戊戌	33			岸信介② 6.12
1959	己亥	34			
1960	庚子	35			池田勇人① 7.19　② 12.8
1961	辛丑	36			
1962	壬寅	37			
1963	癸卯	38			池田勇人③ 12.9
1964	甲辰	39			佐藤栄作① 11.9
1965	乙巳	40			
1966	丙午	41			
1967	丁未	42			佐藤栄作② 2.17
1968	戊申	43			
1969	己酉	44			
1970	庚戌	45			佐藤栄作③ 1.14
1971	辛亥	46			
1972	壬子	47			田中角栄① 7.7　② 12.22
1973	癸丑	48			
1974	甲寅	49			三木武夫 12.9
1975	乙卯	50			
1976	丙辰	51			福田赳夫 12.24
1977	丁巳	52			
1978	戊午	53			大平正芳① 12.7
1979	己未	54			大平正芳② 11.9
1980	庚申	55			鈴木善幸 7.17
1981	辛酉	56			
1982	壬戌	57			中曽根康弘① 11.27
1983	癸亥	58			中曽根康弘② 12.27
1984	甲子	59			
1985	乙丑	60			
1986	丙寅	61			中曽根康弘③ 7.22
1987	丁卯	62			竹下登 11.6
1988	戊辰	63			

西暦	干　支	年　号	改元	天　皇	内　閣(成立月日)
1989	己巳	平成元	1. 8	現天皇	宇野宗佑 6. 3
					海部俊樹① 8. 10
1990	庚午	2			海部俊樹② 2. 28
1991	辛未	3			宮沢喜一 11. 5
1992	壬申	4			⋮
1993	癸酉	5			細川護熙 8. 9
1994	甲戌	6			羽田孜 4. 28
					村山富市 6. 30
1995	乙亥	7			⋮
1996	丙子	8			橋本龍太郎① 1. 11　② 11. 7
1997	丁丑	9			⋮
1998	戊寅	10			小渕恵三 7. 30
1999	己卯	11			⋮
2000	庚辰	12			森喜朗① 4. 5　② 7. 4
2001	辛巳	13			小泉純一郎 ① 4. 26
2002	壬午	14			⋮
2003	癸未	15			小泉純一郎 ② 11. 19
2004	甲申	16			⋮
2005	乙酉	17			小泉純一郎 ③ 9. 21
2006	丙戌	18			安倍晋三 9. 26
2007	丁亥	19			福田康夫 9. 26
2008	戊子	20			麻生太郎 9. 24
2009	己丑	21			鳩山由紀夫 9. 16

歴代内閣総理大臣

	首　相	内閣期間	備　考
1	伊藤博文①	1885.12.22～ 88. 4.30	長州閥
2	黒田清隆	1888. 4.30～ 89.12.24	薩摩閥
3	山県有朋①	1889.12.24～ 91. 5. 6	長州閥
4	松方正義①	1891. 5. 6～ 92. 8. 8	薩摩閥
5	伊藤博文②	1892. 8. 8～ 96. 9.18	長州閥
6	松方正義②	1896. 9.18～ 98. 1.12	薩摩閥
7	伊藤博文③	1898. 1.12～ 98. 6.30	長州閥
8	大隈重信①	1898. 6.30～ 98.11. 8	憲政党
9	山県有朋②	1898.11. 8～1900.10.19	長州閥・陸軍大将
10	伊藤博文④	1900.10.19～ 01. 6. 2	政友会
11	桂太郎①	1901. 6. 2～ 06. 1. 7	長州閥・陸軍大将
12	西園寺公望①	1906. 1. 7～ 08. 7.14	政友会
13	桂太郎②	1908. 7.14～ 11. 8.30	長州閥・陸軍大将
14	西園寺公望②	1911. 8.30～ 12.12.21	政友会
15	桂太郎③	1912.12.21～ 13. 2.20	長州閥・陸軍大将
16	山本権兵衛①	1913. 2.20～ 14. 4.16	薩摩閥・海軍大将
17	大隈重信②	1914. 4.16～ 16.10. 9	立憲同志会など
18	寺内正毅	1916.10. 9～ 18. 9.29	長州閥・陸軍大将
19	原　敬	1918. 9.29～ 21.11.13	政友会
20	高橋是清	1921.11.13～ 22. 6.12	〃
21	加藤友三郎	1922. 6.12～ 23. 9. 2	海軍大将
22	山本権兵衛②	1923. 9. 2～ 24. 1. 7	薩摩閥・海軍大将
23	清浦奎吾	1924. 1. 7～ 24. 6.11	枢密院議長
24	加藤高明	1924. 6.11～ 26. 1.30	憲政会
25	若槻礼次郎①	1926. 1.30～ 27. 4.20	〃
26	田中義一	1927. 4.20～ 29. 7. 2	政友会・陸軍大将
27	浜口雄幸	1929. 7. 2～ 31. 4.14	民政党
28	若槻礼次郎②	1931. 4.14～ 31.12.13	〃
29	犬養毅	1931.12.13～ 32. 5.26	政友会
30	斎藤実	1932. 5.26～ 34. 7. 8	海軍大将
31	岡田啓介	1934. 7. 8～ 36. 3. 9	〃
32	広田弘毅	1936. 3. 9～ 37. 2. 2	外交官出身政治家
33	林銑十郎	1937. 2. 2～ 37. 6. 4	陸軍大将
34	近衛文麿①	1937. 6. 4～ 39. 1. 5	貴族院議長
35	平沼騏一郎	1939. 1. 5～ 39. 8.30	枢密院議長
36	阿部信行	1939. 8.30～ 40. 1.16	陸軍大将
37	米内光政	1940. 1.16～ 40. 7.22	海軍大将
38	近衛文麿②	1940. 7.22～ 41. 7.18	枢密院議長
39	近衛文麿③	1941. 7.18～ 41.10.18	貴族院議員

	首　相	内閣期間	備　考
40	東条英機	1941.10.18～ 44. 7.22	陸軍大将
41	小磯国昭	1944. 7.22～ 45. 4. 7	〃
42	鈴木貫太郎	1945. 4. 7～ 45. 8.17	海軍大将
43	東久邇稔彦	1945. 8.17～ 45.10. 9	皇族・陸軍大将
44	幣原喜重郎	1945.10. 9～ 46. 5.22	のち日本進歩党
45	吉田茂①	1946. 5.22～ 47. 5.24	日本自由党
46	片山哲	1947. 5.24～ 48. 3.10	日本社会党
47	芦田均	1948. 3.10～ 48.10.15	民主党
48	吉田茂②	1948.10.15～ 49. 2.16	民主自由党
49	吉田茂③	1949. 2.16～ 52.10.30	〃 (→自由党)
50	吉田茂④	1952.10.30～ 53. 5.21	自由党
51	吉田茂⑤	1953. 5.21～ 54.12.10	〃
52	鳩山一郎①	1954.12.10～ 55. 3.19	日本民主党
53	鳩山一郎②	1955. 3.19～ 55.11.22	〃
54	鳩山一郎③	1955.11.22～ 56.12.23	自由民主党
55	石橋湛山	1956.12.23～ 57. 2.25	〃
56	岸信介①	1957. 2.25～ 58. 6.12	〃
57	岸信介②	1958. 6.12～ 60. 7.19	〃
58	池田勇人①	1960. 7.19～ 60.12. 8	〃
59	池田勇人②	1960.12. 8～ 63.12. 9	〃
60	池田勇人③	1963.12. 9～ 64.11. 9	〃
61	佐藤栄作①	1964.11. 9～ 67. 2.17	〃
62	佐藤栄作②	1967. 2.17～ 70. 1.14	〃
63	佐藤栄作③	1970. 1.14～ 72. 7. 7	〃
64	田中角栄①	1972. 7. 7～ 72.12.22	〃
65	田中角栄②	1972.12.22～ 74.12. 9	〃
66	三木武夫	1974.12. 9～ 76.12.24	〃
67	福田赳夫	1976.12.24～ 78.12. 7	〃
68	大平正芳①	1978.12. 7～ 79.11. 9	〃
69	大平正芳②	1979.11. 9～ 80. 7.17	〃
70	鈴木善幸	1980. 7.17～ 82.11.27	〃
71	中曾根康弘①	1982.11.27～ 83.12.27	〃
72	中曾根康弘②	1983.12.27～ 86. 7.22	〃
73	中曾根康弘③	1986. 7.22～ 87.11. 6	〃
74	竹下登	1987.11. 6～ 89. 6. 3	〃
75	宇野宗佑	1989. 6. 3～ 89. 8.10	〃
76	海部俊樹①	1989. 8.10～ 90. 2.28	〃
77	海部俊樹②	1990. 2.28～ 91.11. 5	〃
78	宮沢喜一	1991.11. 5～ 93. 8. 9	〃
79	細川護熙	1993. 8. 9～ 94. 4.28	7党1派

	首　相	内閣期間	備　考
80	羽田孜	1994. 4.28〜　94. 6.30	5党1派
81	村山富市	1994. 6.30〜　96. 1.11	社会·自民·さきがけ
82	橋本龍太郎①	1996. 1.11〜　96.11. 7	自民·社会·さきがけ
83	橋本龍太郎②	1996.11. 7〜　98. 7.30	自由民主党
84	小渕恵三	1998. 7.30〜2000. 4. 5	自民・自由・公明
85	森喜朗①	2000. 4. 5〜　00. 7. 4	自民・公明・保守
86	森喜朗②	2000. 7. 4〜　01. 4.26	〃
87	小泉純一郎①	2001. 4.26〜　03.11.19	〃
88	小泉純一郎②	2003.11.19〜　05. 9.21	自民・公明
89	小泉純一郎③	2005. 9.21〜　06. 9.26	〃
90	安倍晋三	2006. 9.26〜　07. 9.26	〃
91	福田康夫	2007. 9.26〜　08. 9.24	〃
92	麻生太郎	2008. 9.24〜　09. 9.16	〃
93	鳩山由紀夫	2009. 9.16〜	民主·社民·国民新

◎首相欄の丸数字は内閣の次数を示す。
◎備考欄には首相の出身や内閣の与党を示した。

元号一覧

あ　行

安永	あんえい	1772-1781
安元	あんげん	1175-1177
安政	あんせい	1854-1860
安貞	あんてい	1227-1229
安和	あんな	968-970
永延	えいえん	987-989
永観	えいかん	983-985
永久	えいきゅう	1113-1118
永享	えいきょう	1429-1441
永治	えいじ	1141-1142
永正	えいしょう	1504-1521
永承	えいしょう	1046-1053
永祚	えいそ	989-990
永長	えいちょう	1096-1097
永徳	☆えいとく	1381-1384
永仁	えいにん	1293-1299
永保	えいほ	1081-1084
永万	えいまん	1165-1166
永暦	えいりゃく	1160-1161
永禄	えいろく	1558-1570
永和	☆えいわ	1375-1379
延応	えんおう	1239-1240
延喜	えんぎ	901-923
延久	えんきゅう	1069-1074
延享	えんきょう	1744-1748
延慶	えんきょう	1308-1311
延元	えんげん	1336-1340
延長	えんちょう	923-931
延徳	えんとく	1489-1492
延文	☆えんぶん	1356-1361
延宝	えんぽう	1673-1681
延暦	えんりゃく	782-806
応安	☆おうあん	1368-1375
応永	おうえい	1394-1428
応長	おうちょう	1311-1312
応徳	おうとく	1084-1087
応仁	おうにん	1467-1469
応保	おうほ	1161-1163
応和	おうわ	961-964

か　行

嘉永	かえい	1848-1854
嘉応	かおう	1169-1171
嘉吉	かきつ	1441-1444
嘉慶	☆かきょう	1387-1389
嘉元	かげん	1303-1306
嘉承	かしょう	1106-1108
嘉祥	かしょう	848-851
嘉禎	かてい	1235-1238
嘉保	かほう	1094-1096
嘉暦	かりゃく	1326-1329
嘉禄	かろく	1225-1227
寛永	かんえい	1624-1644
寛延	かんえん	1748-1751
寛喜	かんぎ	1229-1232
元慶	がんぎょう	877-885
寛元	かんげん	1243-1247
寛弘	かんこう	1004-1012
寛治	かんじ	1087-1094
寛正	かんしょう	1460-1466
寛政	かんせい	1789-1801
寛徳	かんとく	1044-1046
寛和	かんな	985-987
寛仁	かんにん	1017-1021
観応	☆かんのう	1350-1352
寛平	かんぴょう	889-898
寛文	かんぶん	1661-1673
寛保	かんぽう	1741-1744
久安	きゅうあん	1145-1151
久寿	きゅうじゅ	1154-1156
享徳	きょうとく	1452-1455
享保	きょうほう	1716-1736
享禄	きょうろく	1528-1532
享和	きょうわ	1801-1804
慶安	けいあん	1648-1652
慶雲	けいうん	704-708
慶応	けいおう	1865-1868
慶長	けいちょう	1596-1615
建永	けんえい	1206-1207
元永	げんえい	1118-1120
元応	げんおう	1319-1321
元亀	げんき	1570-1573
建久	けんきゅう	1190-1199
元久	げんきゅう	1204-1206
乾元	けんげん	1302-1303
元弘	げんこう	1331-1334
元亨	げんこう	1321-1324
建治	けんじ	1275-1278

元治	げんじ	1864-1865
元中	げんちゅう	1384-1392
建長	けんちょう	1249-1256
建徳	けんとく	1370-1372
元徳	げんとく	1329-1332
元和	げんな	1615-1624
建仁	けんにん	1201-1204
元仁	げんにん	1224-1225
元文	げんぶん	1736-1741
建保	けんぽう	1213-1219
建武	★けんむ	1334-1338
建暦	けんりゃく	1211-1213
元暦	げんりゃく	1184-1185
元禄	げんろく	1688-1704
弘安	こうあん	1278-1288
康安	☆こうあん	1361-1362
康永	☆こうえい	1342-1345
康応	☆こうおう	1389-1390
弘化	こうか	1844-1848
康元	こうげん	1256-1257
興国	こうこく	1340-1346
弘治	こうじ	1555-1558
康治	こうじ	1142-1144
康正	こうしょう	1455-1457
弘長	こうちょう	1261-1264
弘仁	こうにん	810-824
康平	こうへい	1058-1065
康保	こうほ	964-968
康暦	☆こうりゃく	1379-1381
弘和	こうわ	1381-1384
康和	こうわ	1099-1104

さ 行

斉衡	さいこう	854-857
至徳	☆しとく	1384-1387
寿永	じゅえい	1182-1184
朱鳥	しゅちょう	686
正安	しょうあん	1299-1302
承安	じょうあん	1171-1175
貞永	じょうえい	1232-1333
正応	しょうおう	1288-1293
承応	じょうおう	1652-1655
貞応	じょうおう	1222-1224
正嘉	しょうか	1257-1259
貞観	じょうがん	859-877
承久	じょうきゅう	1219-1222
正慶	☆しょうきょう	1332-1333
貞享	じょうきょう	1684-1688
正元	しょうげん	1259-1260
承元	じょうげん	1207-1211
貞元	じょうげん	976-978
正治	しょうじ	1199-1201
貞治	☆じょうじ	1362-1368
昌泰	しょうたい	898-901
正中	しょうちゅう	1324-1326
正長	しょうちょう	1428-1429
正徳	しょうとく	1711-1716
承徳	じょうとく	1097-1099
正平	しょうへい	1346-1370
承平	じょうへい	931-938
承保	じょうほ	1074-1077
正保	しょうほう	1644-1648
正暦	しょうりゃく	990-995
承暦	じょうりゃく	1077-1081
正和	しょうわ	1312-1317
昭和	しょうわ	1926-1989
承和	☆じょうわ	834-848
貞和	じょうわ	1345-1350
神亀	じんき	724-729
神護景雲	じんごけいうん	767-770

た 行

大永	たいえい	1521-1528
大化	たいか	645-650
大治	だいじ	1126-1131
大正	たいしょう	1912-1926
大同	だいどう	806-810
大宝	たいほう	701-704
治安	ちあん	1021-1024
治承	ちしょう	1177-1181
長寛	ちょうかん	1163-1165
長久	ちょうきゅう	1040-1044
長享	ちょうきょう	1487-1489
長元	ちょうげん	1028-1037
長治	ちょうじ	1104-1106
長承	ちょうしょう	1132-1135
長徳	ちょうとく	995-999
長保	ちょうほう	999-1004
長暦	ちょうりゃく	1037-1040
長禄	ちょうろく	1457-1460
長和	ちょうわ	1012-1017

治暦	ちりゃく	1065-1069
天安	てんあん	857-859
天永	てんえい	1110-1113
天延	てんえん	973-976
天応	てんおう	781-782
天喜	てんぎ	1053-1058
天慶	てんぎょう	938-947
天元	てんげん	978-983
天治	てんじ	1124-1126
天授	てんじゅ	1375-1381
天正	てんしょう	1573-1592
天承	てんしょう	1131-1132
天長	てんちょう	824-834
天徳	てんとく	957-961
天和	てんな	1681-1684
天仁	てんにん	1108-1110
天平	てんぴょう	729-749
天平感宝	てんぴょうかんぽう	749
天平勝宝	てんぴょうしょうほう	749-757
天平神護	てんぴょうじんご	765-767
天平宝字	てんぴょうほうじ	757-765
天福	てんぷく	1233-1234
天文	てんぶん	1532-1555
天保	てんぽう	1830-1844
天明	てんめい	1781-1789
天養	てんよう	1144-1145
天暦	てんりゃく	947-957
天禄	てんろく	970-973
徳治	とくじ	1306-1308
な　行		
仁安	にんあん	1166-1169
仁治	にんじ	1240-1243
仁寿	にんじゅ	851-854
仁和	にんな	885-889
仁平	にんぴょう	1151-1154
は　行		
白雉	はくち	650-686
文安	ぶんあん	1444-1449
文永	ぶんえい	1264-1275
文応	ぶんおう	1260-1261
文化	ぶんか	1804-1818
文亀	ぶんき	1501-1504
文久	ぶんきゅう	1861-1864
文治	ぶんじ	1185-1190
文正	ぶんしょう	1466-1467
文政	ぶんせい	1818-1830
文中	ぶんちゅう	1372-1375
文保	ぶんぽう	1317-1319
文明	ぶんめい	1469-1487
文暦	ぶんりゃく	1234-1235
文禄	ぶんろく	1592-1596
文和	☆ぶんわ	1352-1356
平治	へいじ	1159-1160
平成	へいせい	1989-
保安	ほうあん	1120-1124
宝永	ほうえい	1704-1711
保延	ほうえん	1135-1141
宝亀	ほうき	770-780
保元	ほうげん	1156-1159
宝治	ほうじ	1247-1249
宝徳	ほうとく	1449-1452
宝暦	ほうりゃく	1751-1764
ま　行		
万延	まんえん	1860-1861
万治	まんじ	1658-1661
万寿	まんじゅ	1024-1028
明応	めいおう	1492-1501
明治	めいじ	1868-1912
明徳	☆めいとく	1390-1394
明暦	めいれき	1655-1658
明和	めいわ	1764-1772
や・ら・わ行		
養老	ようろう	717-724
養和	ようわ	1181-1182
暦応	☆りゃくおう	1338-1342
暦仁	りゃくにん	1238-1239
霊亀	れいき	715-717
和銅	わどう	708-715

①各元号は末年の改元の年も含む。
②☆は北朝年号，★は南北両朝で使用された年号。

県花・県木・県鳥

県名	県花/県木/県鳥
北海道	ハマナス/エゾマツ/タンチョウ
青森	リンゴ/ヒバ/ハクチョウ
岩手	キリ/南部アカマツ/キジ
宮城	ミヤギノハギ/ケヤキ/ガン
秋田	フキノトウ/秋田スギ/ヤマドリ
山形	ベニバナ/サクランボ/オシドリ
福島	ネモトシャクナゲ/ケヤキ/キビタキ
茨城	バラ/ウメ/ヒバリ
栃木	ヤシオツツジ/トチノキ/オオルリ
群馬	レンゲツツジ/クロマツ/ヤマドリ
埼玉	サクラソウ/ケヤキ/シラコバト
千葉	ナノハナ/イヌマキ/ホオジロ
東京	ソメイヨシノ/イチョウ/ユリカモメ
神奈川	ヤマユリ/イチョウ/カモメ
新潟	チューリップ/ユキツバキ/トキ
富山	チューリップ/立山スギ/ライチョウ
石川	クロユリ/アテ/イヌワシ
福井	スイセン/マツ/ツグミ
山梨	フジザクラ/カエデ/ウグイス
長野	リンドウ/シラカバ/ライチョウ
岐阜	レンゲソウ/イチイ/ライチョウ
静岡	ツツジ/モクセイ/サンコウチョウ
愛知	カキツバタ/ハナノキ/コノハズク
三重	ハナショウブ/神宮スギ/シロチドリ
滋賀	シャクナゲ/モミジ/カイツブリ
京都	シダレザクラ/北山スギ/オオミズナギドリ
大阪	ウメ・サクラソウ/イチョウ/モズ
兵庫	ノジギク/クスノキ/コウノトリ
奈良	ナラノヤエザクラ/スギ/コマドリ
和歌山	ウメ/ウバメガシ/メジロ
鳥取	二十世紀ナシ/ダイセンキャラボク/オシドリ
島根	ボタン/クロマツ/オオハクチョウ
岡山	モモ/アカマツ/キジ
広島	モミジ/モミジ/アビ
山口	ナツミカン/アカマツ/ナベヅル
徳島	スダチ/ヤマモモ/シラサギ
香川	オリーブ/オリーブ/ホトトギス
愛媛	ミカン/マツ/コマドリ
高知	ヤマモモ/ヤナセスギ/ヤイロチョウ
福岡	ウメ/ツツジ/ウグイス
佐賀	クス/クス/カササギ
長崎	ウンゼンツツジ/ヒノキ・ツバキ/オシドリ
熊本	リンドウ/クスノキ/ヒバリ
大分	ブンゴウメ/ブンゴウメ/メジロ
宮崎	ハマユウ/フェニックス/コシジロヤマドリ
鹿児島	ミヤマキリシマ/カイコウズ・クスノキ/ルリカケス
沖縄	デイコ/リュウキュウマツ/ノグチゲラ

干支順位表

甲子《きのえね》 カッシ 4	乙丑《きのとのうし》 イッチュウ 5	丙寅《ひのえとら》 ヘイイン 6	丁卯《ひのとのう》 テイボウ 7	戊辰《つちのえたつ》 ボシン 8
甲戌《きのえいぬ》 コウジュツ 14	乙亥《きのとのい》 イツガイ 15	丙子《ひのえね》 ヘイシ 16	丁丑《ひのとのうし》 テイチュウ 17	戊寅《つちのえとら》 ボイン 18
甲申《きのえさる》 コウシン 24	乙酉《きのとのとり》 イツユウ 25	丙戌《ひのえいぬ》 ヘイジュツ 26	丁亥《ひのとのい》 テイガイ 27	戊子《つちのえね》 ボシ 28
甲午《きのえうま》 コウゴ 34	乙未《きのとのひつじ》 イツビ 35	丙申《ひのえさる》 ヘイシン 36	丁酉《ひのとのとり》 テイユウ 37	戊戌《つちのえいぬ》 ボジュツ 38
甲辰《きのえたつ》 コウシン 44	乙巳《きのとのみ》 イッシ 45	丙午《ひのえうま》 ヘイゴ 46	丁未《ひのとのひつじ》 テイビ 47	戊申《つちのえさる》 ボシン 48
甲寅《きのえとら》 コウイン 54	乙卯《きのとのう》 イツボウ 55	丙辰《ひのえたつ》 ヘイシン 56	丁巳《ひのとのみ》 テイシ 57	戊午《つちのえうま》 ボゴ 58

◎西暦年から干支を求めるには，60の倍数を引いた余りの数字を表中に求める。
2002年の場合は次のとおりである。

$$2002-(60\times33)=22$$

表中の22は壬午，つまり壬（みずのえ）午（うま）である。

陰暦月の異名

月	和名	漢名
1月	正月・睦月・早緑月・祝月・年端月	孟春・初春・初陽・端月
2月	如月・衣更着・梅見月・初花月	夾鐘・仲春・仲陽
3月	弥生・桜月・春惜月・花見月・嘉月	姑洗・季春・暮春・花月
4月	卯月・卯花月・花残月	仲呂・孟夏・初夏・首夏
5月	皐月・早月・橘月・早苗月	蕤賓・仲夏・超夏
6月	水無月・葵月・常夏月・鳴神月	林鐘・季夏・晩夏・極暑
7月	文月・女郎花月・七夕月・秋初月	夷則・孟秋・新秋・初秋
8月	葉月・秋風月・月見月・萩月	南呂・仲秋・仲商
9月	長月・菊月・紅葉月・小田刈月	無射・季秋・暮秋・季商
10月	神無月・神去月・時雨月・初霜月	応鐘・孟冬・初冬・陽月
11月	霜月・霜降月・神帰月・雪待月	黄鐘・仲冬・子月
12月	師走・除月・極月・春待月・限月	大呂・季冬・暮冬・臘月

己巳《つちのとのみ》 キシ 9	庚午《かのえうま》 コウゴ 10	辛未《かのとのひつじ》 シンビ 11	壬申《みずのえさる》 ジンシン 12	癸酉《みずのとのとり》 キユウ 13
己卯《つちのとのう》 キボウ 19	庚辰《かのえたつ》 コウシン 20	辛巳《かのとのみ》 シンシ 21	壬午《みずのえうま》 ジンゴ 22	癸未《みずのとのひつじ》 キビ 23
己丑《つちのとのうし》 キチュウ 29	庚寅《かのえとら》 コウイン 30	辛卯《かのとのう》 シンボウ 31	壬辰《みずのえたつ》 ジンシン 32	癸巳《みずのとのみ》 キシ 33
己亥《つちのとのい》 キガイ 39	庚子《かのえね》 コウシ 40	辛丑《かのとのうし》 シンチュウ 41	壬寅《みずのえとら》 ジンイン 42	癸卯《みずのとのう》 キボウ 43
己酉《つちのとのとり》 キユウ 49	庚戌《かのえいぬ》 コウジュツ 50	辛亥《かのとのい》 シンガイ 51	壬子《みずのえね》 ジンシ 52	癸丑《みずのとのうし》 キチュウ 53
己未《つちのとのひつじ》 キビ 59	庚申《かのえさる》 コウシン 0	辛酉《かのとのとり》 シンユウ 1	壬戌《みずのえいぬ》 ジンジュツ 2	癸亥《みずのとのい》 キガイ 3

方位

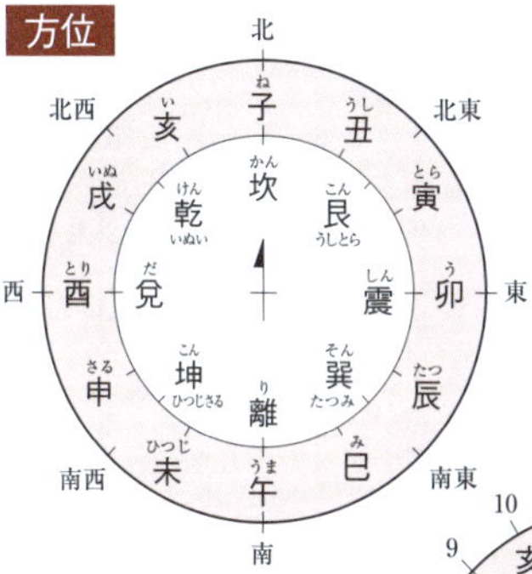

時刻

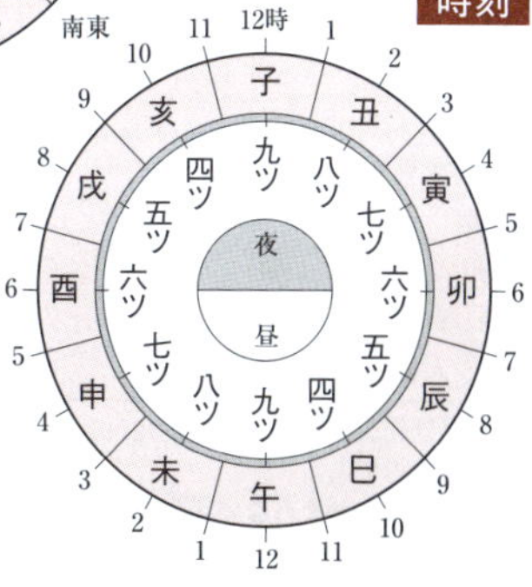

干支年代表

干支	①1204～33	③1264～93	⑤1324～53	⑦1384～1413	⑨1444～73	⑪1504～33
甲子	元久元	文永元	正中元	至徳元/元中元	文安元	永正元
乙丑	2	2	2	2/2	2	2
丙寅	建永元	3	嘉暦元	3/3	3	3
丁卯	承元元	4	2	嘉慶元/4	4	4
戊辰	2	5	3	2/5	5	5
己巳	3	6	元徳元	康応元/6	宝徳元	6
庚午	4	7	2	明徳元/7	2	7
辛未	建暦元	8	3/元弘元	2/8	3	8
壬申	2	9	正慶元/2	3/9	享徳元	9
癸酉	建保元	10	2/3	4	2	10
甲戌	2	11	建武元	応永元	3	11
乙亥	3	建治元	2	2	康正元	12
丙子	4	2	3/延元元	3	2	13
丁丑	5	3	4/2	4	長禄元	14
戊寅	6	弘安元	暦応元/3	5	2	15
己卯	承久元	2	2/4	6	3	16
庚辰	2	3	3/興国元	7	寛正元	17
辛巳	3	4	4/2	8	2	大永元
壬午	貞応元	5	康永元/3	9	3	2
癸未	2	6	2/4	10	4	3
甲申	元仁元	7	3/5	11	5	4
乙酉	嘉禄元	8	貞和元/6	12	6	5
丙戌	2	9	2/正平元	13	文正元	6
丁亥	安貞元	10	3/2	14	応仁元	7
戊子	2	正応元	4/3	15	2	享禄元
己丑	寛喜元	2	5/4	16	文明元	2
庚寅	2	3	観応元/5	17	2	3
辛卯	3	4	2/6	18	3	4
壬辰	貞永元	5	文和元/7	19	4	天文元
癸巳	天福元	永仁元	2/8	20	5	2

◎本表は元久元(1204)～大正12(1923)年の干支を一覧できるようにまとめたものである。

◎この表におさまらない年代の干支については，〈年代表〉を参照していただきたい。

◎⑤～⑦の欄の右側の年号は南朝のものである。

干支	②1234〜63	④1294〜1323	⑥1354〜83	⑧1414〜43	⑩1474〜1503	⑫1534〜63
甲午	文暦元	永仁 2	文和 3/正平 9	応永21	文明 6	天文 3
乙未	嘉禎元	3	4/ 10	22	7	4
丙申	2	4	延文元/ 11	23	8	5
丁酉	3	5	2/ 12	24	9	6
戊戌	暦仁元	6	3/ 13	25	10	7
己亥	延応元	正安元	4/ 14	26	11	8
庚子	仁治元	2	5/ 15	27	12	9
辛丑	2	3	康安元/ 16	28	13	10
壬寅	3	乾元元	貞治元/ 17	29	14	11
癸卯	寛元元	嘉元元	2/ 18	30	15	12
甲辰	2	2	3/ 19	31	16	13
乙巳	3	3	4/ 20	32	17	14
丙午	4	徳治元	5/ 21	33	18	15
丁未	宝治元	2	6/ 22	34	長享元	16
戊申	2	延慶元	応安元/ 23	正長元	2	17
己酉	建長元	2	2/ 24	永享元	延徳元	18
庚戌	2	3	3/建徳元	2	2	19
辛亥	3	応長元	4/ 2	3	3	20
壬子	4	正和元	5/文中元	4	明応元	21
癸丑	5	2	6/ 2	5	2	22
甲寅	6	3	7/ 3	6	3	23
乙卯	7	4	永和元/天授元	7	4	弘治元
丙辰	康元元	5	2/ 2	8	5	2
丁巳	正嘉元	文保元	3/ 3	9	6	3
戊午	2	2	4/ 4	10	7	永禄元
己未	正元元	元応元	康暦元/ 5	11	8	2
庚申	文応元	2	2/ 6	12	9	3
辛酉	弘長元	元亨元	永徳元/弘和元	嘉吉元	文亀元	4
壬戌	2	2	2/ 2	2	2	5
癸亥	3	3	3/ 3	3	3	6

◎同一の干支は60年に１度，十二支だけでも12年に１度しか回ってこない。当時の人は，干支だけで年代判定は十分であった。

◎甲子と辛酉の欄をみると，改元が行なわれるのがふつうであったことがわかる。辛酉に始まる新年号が，わずか３年で終わる理由もこれで理解できるであろう。

干支	①1564～93	③1624～53	⑤1684～1713	⑦1744～73	⑨1804～33	⑪1864～93
甲子	永禄 7	寛永元	貞享元	延享元	文化元	元治元
乙丑	8	2	2	2	2	慶応元
丙寅	9	3	3	3	3	2
丁卯	10	4	4	4	4	3
戊辰	11	5	元禄元	寛延元	5	明治元
己巳	12	6	2	2	6	2
庚午	元亀元	7	3	3	7	3
辛未	2	8	4	宝暦元	8	4
壬申	3	9	5	2	9	5
癸酉	天正元	10	6	3	10	6
甲戌	2	11	7	4	11	7
乙亥	3	12	8	5	12	8
丙子	4	13	9	6	13	9
丁丑	5	14	10	7	14	10
戊寅	6	15	11	8	文政元	11
己卯	7	16	12	9	2	12
庚辰	8	17	13	10	3	13
辛巳	9	18	14	11	4	14
壬午	10	19	15	12	5	15
癸未	11	20	16	13	6	16
甲申	12	正保元	宝永元	明和元	7	17
乙酉	13	2	2	2	8	18
丙戌	14	3	3	3	9	19
丁亥	15	4	4	4	10	20
戊子	16	慶安元	5	5	11	21
己丑	17	2	6	6	12	22
庚寅	18	3	7	7	天保元	23
辛卯	19	4	正徳元	8	2	24
壬辰	文禄元	承応元	2	安永元	3	25
癸巳	2	2	3	2	4	26

干支	②1594 ~1623	④1654 ~83	⑥1714 ~43	⑧1774 ~1803	⑩1834 ~63	⑫1894 ~1923
甲午	文禄 3	承応 3	正徳 4	安永 3	天保 5	明治27
乙未	4	明暦元	5	4	6	28
丙申	慶長元	2	享保元	5	7	29
丁酉	2	3	2	6	8	30
戊戌	3	万治元	3	7	9	31
己亥	4	2	4	8	10	32
庚子	5	3	5	9	11	33
辛丑	6	寛文元	6	天明元	12	34
壬寅	7	2	7	2	13	35
癸卯	8	3	8	3	14	36
甲辰	9	4	9	4	弘化元	37
乙巳	10	5	10	5	2	38
丙午	11	6	11	6	3	39
丁未	12	7	12	7	4	40
戊申	13	8	13	8	嘉永元	41
己酉	14	9	14	寛政元	2	42
庚戌	15	10	15	2	3	43
辛亥	16	11	16	3	4	44
壬子	17	12	17	4	5	大正元
癸丑	18	延宝元	18	5	6	2
甲寅	19	2	19	6	安政元	3
乙卯	元和元	3	20	7	2	4
丙辰	2	4	元文元	8	3	5
丁巳	3	5	2	9	4	6
戊午	4	6	3	10	5	7
己未	5	7	4	11	6	8
庚申	6	8	5	12	万延元	9
辛酉	7	天和元	寛保元	享和元	文久元	10
壬戌	8	2	2	2	2	11
癸亥	9	3	3	3	3	12

陰陽暦の対照

◎アラビア数字は和暦の月で(1は正月)，その朔日(1日)が西暦月日のいつになるかをイタリック数字で示す。
◎丸数字は閏月を，＊は閏年を示す。

和暦(西暦)	陽暦換算												
天保8	1	2	3	4	5	6	7	8	9	10	11	12	
(1837)	*2.5*	*3.7*	*4.5*	*5.5*	*6.3*	*7.3*	*8.1*	*8.31*	*9.30*	*10.29*	*11.28*	*12.27*	
天保9	1	2	3	4	④	5	6	7	8	9	10	11	12
(1838)	*1.26*	*2.24*	*3.26*	*4.24*	*5.24*	*6.22*	*7.21*	*8.20*	*9.19*	*10.18*	*11.17*	*12.17*	*1.15*
天保10	1	2	3	4	5	6	7	8	9	10	11	12	
(1839)	*2.14*	*3.15*	*4.14*	*5.13*	*6.11*	*7.11*	*8.9*	*9.8*	*10.7*	*11.6*	*12.6*	*1.5*	
天保11	1	2	3	4	5	6	7	8	9	10	11	12	
＊(1840)	*2.3*	*3.4*	*4.3*	*5.2*	*5.31*	*6.29*	*7.29*	*8.27*	*9.26*	*10.25*	*11.24*	*12.24*	
天保12	1	①	2	3	4	5	6	7	8	9	10	11	12
(1841)	*1.23*	*2.21*	*3.23*	*4.21*	*5.21*	*6.19*	*7.18*	*8.17*	*9.15*	*10.15*	*11.13*	*12.13*	*1.12*
天保13	1	2	3	4	5	6	7	8	9	10	11	12	
(1842)	*2.10*	*3.12*	*4.11*	*5.10*	*6.9*	*7.8*	*8.6*	*9.5*	*10.4*	*11.3*	*12.2*	*1.1*	
天保14	1	2	3	4	5	6	7	8	9	⑨	10	11	12
(1843)	*1.30*	*3.1*	*3.31*	*4.30*	*5.29*	*6.28*	*7.27*	*8.25*	*9.24*	*10.23*	*11.22*	*12.21*	*1.20*
弘化元	1	2	3	4	5	6	7	8	9	10	11	12	
＊(1844)	*2.18*	*3.19*	*4.18*	*5.17*	*6.16*	*7.15*	*8.14*	*9.12*	*10.12*	*11.10*	*12.10*	*1.8*	
弘化2	1	2	3	4	5	6	7	8	9	10	11	12	
(1845)	*2.7*	*3.8*	*4.7*	*5.6*	*6.5*	*7.5*	*8.3*	*9.2*	*10.1*	*10.31*	*11.29*	*12.29*	
弘化3	1	2	3	4	5	⑤	6	7	8	9	10	11	12
(1846)	*1.27*	*2.26*	*3.27*	*4.26*	*5.25*	*6.24*	*7.23*	*8.22*	*9.21*	*10.20*	*11.19*	*12.18*	*1.17*
弘化4	1	2	3	4	5	6	7	8	9	10	11	12	
(1847)	*2.15*	*3.17*	*4.15*	*5.15*	*6.13*	*7.12*	*8.11*	*9.10*	*10.9*	*11.8*	*12.8*	*1.6*	
嘉永元	1	2	3	4	5	6	7	8	9	10	11	12	
＊(1848)	*2.5*	*3.5*	*4.4*	*5.3*	*6.1*	*7.1*	*7.30*	*8.29*	*9.27*	*10.27*	*11.26*	*12.26*	
嘉永2	1	2	3	4	④	5	6	7	8	9	10	11	12
(1849)	*1.24*	*2.23*	*3.24*	*4.23*	*5.22*	*6.20*	*7.20*	*8.18*	*9.17*	*10.16*	*11.15*	*12.15*	*1.13*
嘉永3	1	2	3	4	5	6	7	8	9	10	11	12	
(1850)	*2.12*	*3.14*	*4.12*	*5.12*	*6.10*	*7.9*	*8.8*	*9.6*	*10.6*	*11.4*	*12.4*	*1.2*	
嘉永4	1	2	3	4	5	6	7	8	9	10	11	12	
(1851)	*2.1*	*3.3*	*4.2*	*5.1*	*5.31*	*6.29*	*7.28*	*8.27*	*9.25*	*10.25*	*11.23*	*12.23*	
嘉永5	1	2	②	3	4	5	6	7	8	9	10	11	12
＊(1852)	*1.21*	*2.20*	*3.21*	*4.19*	*5.19*	*6.18*	*7.17*	*8.15*	*9.14*	*10.13*	*11.12*	*12.11*	*1.10*
嘉永6	1	2	3	4	5	6	7	8	9	10	11	12	
(1853)	*2.8*	*3.10*	*4.8*	*5.8*	*6.7*	*7.6*	*8.5*	*9.3*	*10.3*	*11.1*	*12.1*	*12.30*	

和暦（西暦）	陽暦換算												
安政元	1	2	3	4	5	6	7	⑦	8	9	10	11	12
(1854)	1.29	2.27	3.29	4.27	5.27	6.25	7.25	8.24	9.22	10.22	11.20	12.20	1.18
安政2	1	2	3	4	5	6	7	8	9	10	11	12	
(1855)	2.17	3.18	4.17	5.16	6.14	7.14	8.13	9.11	10.11	11.10	12.9	1.8	
安政3	1	2	3	4	5	6	7	8	9	10	11	12	
*(1856)	2.6	3.7	4.5	5.4	6.3	7.2	8.1	8.30	9.29	10.29	11.28	12.27	
安政4	1	2	3	4	5	⑤	6	7	8	9	10	11	12
(1857)	1.26	2.24	3.26	4.24	5.23	6.22	7.21	8.20	9.18	10.18	11.17	12.16	1.15
安政5	1	2	3	4	5	6	7	8	9	10	11	12	
(1858)	2.14	3.15	4.14	5.13	6.11	7.11	8.9	9.7	10.7	11.6	12.5	1.4	
安政6	1	2	3	4	5	6	7	8	9	10	11	12	
(1859)	2.3	3.5	4.3	5.3	6.1	6.30	7.30	8.28	9.26	10.26	11.24	12.24	
万延元	1	2	3	③	4	5	6	7	8	9	10	11	12
*(1860)	1.23	2.22	3.22	4.21	5.21	6.19	7.18	8.17	9.15	10.14	11.13	12.12	1.11
文久元	1	2	3	4	5	6	7	8	9	10	11	12	
(1861)	2.10	3.11	4.10	5.10	6.8	7.8	8.6	9.5	10.4	11.3	12.2	12.31	
文久2	1	2	3	4	5	6	7	8	⑧	9	10	11	12
(1862)	1.30	3.1	3.30	4.29	5.29	6.27	7.27	8.25	9.24	10.23	11.22	12.21	1.20
文久3	1	2	3	4	5	6	7	8	9	10	11	12	
(1863)	2.18	3.19	4.18	5.18	6.16	7.16	8.14	9.13	10.13	11.11	12.11	1.9	
元治元	1	2	3	4	5	6	7	8	9	10	11	12	
*(1864)	2.8	3.8	4.6	5.6	6.4	7.4	8.2	9.1	10.1	10.31	11.29	12.29	
慶応元	1	2	3	4	5	⑤	6	7	8	9	10	11	12
(1865)	1.27	2.26	3.27	4.25	5.25	6.23	7.23	8.21	9.20	10.20	11.18	12.18	1.17
慶応2	1	2	3	4	5	6	7	8	9	10	11	12	
(1866)	2.15	3.17	4.15	5.15	6.13	7.12	8.10	9.9	10.9	11.7	12.7	1.6	
慶応3	1	2	3	4	5	6	7	8	9	10	11	12	
(1867)	2.5	3.6	4.5	5.4	6.3	7.2	7.31	8.29	9.28	10.27	11.26	12.26	
明治元	1	2	3	4	④	5	6	7	8	9	10	11	12
*(1868)	1.25	2.23	3.24	4.23	5.22	6.20	7.20	8.18	9.16	10.16	11.14	12.14	1.13
明治2	1	2	3	4	5	6	7	8	9	10	11	12	
(1869)	2.11	3.13	4.12	5.12	6.10	7.9	8.8	9.6	10.5	11.4	12.3	1.2	
明治3	1	2	3	4	5	6	7	8	9	10	⑩	11	12
(1870)	2.1	3.2	4.1	5.1	5.30	6.29	7.28	8.27	9.25	10.25	11.23	12.22	1.21
明治4	1	2	3	4	5	6	7	8	9	10	11	12	
(1871)	2.19	3.21	4.20	5.19	6.18	7.18	8.16	9.15	10.14	11.13	12.12	1.10	
明治5	1	2	3	4	5	6	7	8	9	10	11	12	
*(1872)	2.9	3.9	4.8	5.7	6.6	7.6	8.4	9.3	10.3	11.1	12.1	12.30	

国県の対照

◎701(大宝元)の令制で畿内・七道の制となった。国の数は824(天長元)年に66国2島(壱岐·対馬),『延喜式』で表の68国となった。東北の2国は明治初年に7国に細分された。

◎沖縄県は1879(明治12)年に誕生した。北海道には1886(明治19)年に北海道庁がおかれたが,府県同様の自治制がしかれたのは第2次大戦後の1947(昭和22)年からである。

地方	国名		廃藩置県	県名
東北地方	陸《む》奥《っ》	陸《む》奥《つ》	(秋田)青森	(秋田)青森
		陸中《りくちゅう》	盛岡	岩手
			水沢	
		陸前《りくぜん》	仙台	宮城
		磐城《いわき》	磐前《いわさき》	福島
			福島	
		岩代《いわしろ》	若松	
	出《で》羽《わ》	羽後《うご》	秋田	秋田
			酒田	山形
		羽前《うぜん》	山形	
			置賜《おきたま》	
関東地方	安《あ》房《わ》		木更津《きさらづ》	千葉
	上総《かずさ》			
	下総《しもうさ》		(新治)	
			印旛《いんば》	
	常陸《ひたち》		新治《にいはり》	茨城
			茨城	
	下野《しもつけ》		宇都宮	栃木
			栃木	
	上野《こうずけ》		群馬	群馬

地方	国名	廃藩置県	県名
関東地方	武蔵《むさし》	埼玉	埼玉
		入間《いるま》	
		東京	東京
		神奈川	神奈川
	相模《さがみ》	足柄《あしがら》	
中部地方	伊《い》豆《ず》		静岡
	駿河《するが》	静岡	
	遠江《とおとうみ》	浜松	
	三河《みかわ》	額田《ぬかだ》	愛知
	尾張《おわり》	名古屋	
	美《み》濃《の》	岐阜	岐阜
	飛《ひ》驒《だ》	筑摩《ちくま》	
	信濃《しなの》	長野	長野
	甲《か》斐《い》	山梨	山梨
	越後《えちご》	新潟	新潟
		柏崎	
	佐《さ》渡《ど》	相川	
	越中《えっちゅう》	新川《にいかわ》	富山
	能《の》登《と》	七尾《ななお》	石川
	加《か》賀《が》	金沢	
	越前《えちぜん》	足羽《あすは》	福井
	若狭《わかさ》	敦賀《つるが》	

地方	国名	廃藩置県	県名
近畿地方	近江《おうみ》	長浜	滋賀
		大津	
	山城《やましろ》	京都	京都
	丹波《たんば》	豊岡	(兵庫)
	丹後《たんご》		(京都)
	但馬《たじま》		兵庫
	播磨《はりま》	飾磨《しかま》	
	摂津《せっつ》	兵庫	
		大阪	大阪
	和泉《いずみ》	堺	
	河内《かわち》		
	大和《やまと》	奈良	奈良
	紀伊《きい》	和歌山	和歌山
	伊勢《いせ》	度会《わたらい》	三重
	伊賀《いが》	安濃津《あのつ》	
	志摩《しま》	(度会)	
	淡路《あわじ》	名東《みょうとう》	(兵庫)
四国地方	阿波《あわ》		徳島
	土佐《とさ》	高知	高知
	伊予《いよ》	宇和島	愛媛
		松山	
	讃岐《さぬき》	香川	香川

地方	国名	廃藩置県	県名
中国地方	備前《びぜん》	岡山	岡山
	美作《みまさか》	北条	
	備中《びっちゅう》	深津	
	備後《びんご》		広島
	安芸《あき》	広島	
	周防《すおう》	山口	山口
	長門《ながと》		
	石見《いわみ》	浜田	島根
	出雲《いずも》	島根	
	隠岐《おき》		
	伯耆《ほうき》	鳥取	鳥取
	因幡《いなば》		
九州地方	筑前《ちくぜん》	福岡	福岡
	筑後《ちくご》	三潴《みずま》	
	豊前《ぶぜん》	小倉	
	豊後《ぶんご》	大分	大分
	日向《ひゅうが》	美々津《みみつ》	宮崎
	大隅《おおすみ》	都城《みやこのじょう》	鹿児島
	薩摩《さつま》	鹿児島	
	肥後《ひご》	八代《やつしろ》	熊本
		熊本	
	肥前《ひぜん》	伊万里《いまり》	佐賀
	壱岐《いき》	長崎	長崎
	対馬《つしま》	(伊万里)	

[畿内・七道]　天子の住む都を京師といい，その周辺地域を畿内とよんだ。大化の改新後，唐の制度にならって定められ，大和・山城・摂津・河内の4畿内となった。757(天平宝字元)年に和泉国が分置され，上図のように5畿内となった。

畿内以外の地は七道にわけられた。701(大宝元)年の令制で図のような七道となり，道ごとに都から放射状に官道が各国府

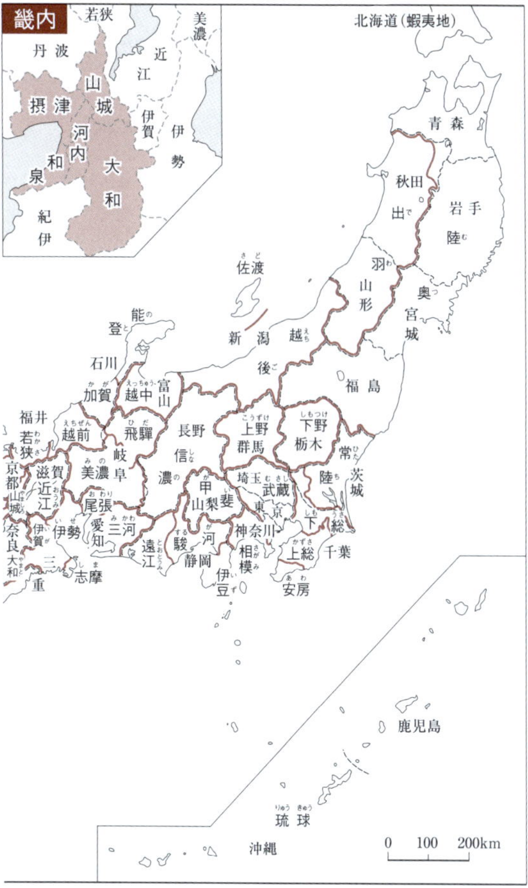

へ向けて走った。このとき，山陽道だけが大路，東海道・東山道・北陸道は中路，山陰道・南海道・西海道は小路となっており，どの地域が重視されていたかがわかる。

図中の武蔵国に注目したい。この国は初め東山道に属していたが，771(宝亀２)年に東海道へくみかえられている。

国府・国分寺

国名	国府	国分寺	国分尼寺
畿内			
山城	京都府山城町 京都市右京区 京都府長岡京市 京都府大山崎町	京都府加茂町	加茂町
大和	奈良県御所市 奈良県大和郡山市 奈良県高取町	奈良市(東大寺)	奈良市(法華寺)
河内	大阪府藤井寺市	大阪府柏原市	柏原市
和泉	大阪府和泉市	和泉市	未詳
摂津	大阪市中央区	大阪市天王寺区	大阪市北区 大阪市東淀川区
東海道			
伊賀	三重県上野市	上野市	上野市
伊勢	三重県鈴鹿市	鈴鹿市	鈴鹿市
志摩	三重県阿児町	阿児町	未詳
尾張	愛知県稲沢市	稲沢市	稲沢市
三河	愛知県豊川市	豊川市	豊川市
遠江	静岡県磐田市	磐田市	磐田市
駿河	静岡市	静岡市	未詳
伊豆	静岡県三島市	三島市	三島市
甲斐	山梨県春日居町 山梨県御坂町 山梨県一宮町	一宮町	一宮町
相模	神奈川県海老名市 神奈川県平塚市 神奈川県大磯町	海老名市	海老名市
武蔵	東京都府中市	東京都国分寺市	国分寺市
安房	千葉県三芳村	千葉県館山市	未詳
上総	千葉県市原市	市原市	市原市
下総	千葉県市川市	市川市	市川市
常陸	茨城県石岡市	石岡市	石岡市
東山道			
近江	滋賀県大津市	大津市	未詳
美濃	岐阜県垂井町	岐阜県大垣市	垂井町
飛騨	岐阜県高山市	高山市	高山市

国　名	国　府	国分寺	国分尼寺
信　濃	長野県上田市 長野県松本市	上田市	上田市
上　野	群馬県前橋市	群馬県群馬町	群馬町
下　野	栃木県栃木市	栃木県国分寺町	国分寺町
陸　奥	宮城県多賀城市	仙台市若林区	仙台市若林区
出　羽	山形県酒田市	酒田市 山形県藤島町	未詳
北陸道			
若　狭	福井県小浜市	小浜市	小浜市
越　前	福井県武生市	未詳	未詳
加　賀	石川県小松市	小松市	未詳
能　登	石川県七尾市	七尾市	未詳
越　中	富山県高岡市	高岡市	未詳
越　後	新潟県上越市	上越市	未詳
佐　渡	新潟県真野町	真野町	真野町
山陰道			
丹　波	京都府亀岡市 京都府八木町	亀岡市	亀岡市
丹　後	京都府宮津市	宮津市	宮津市
但　馬	兵庫県日高町	日高町	日高町
因　幡	鳥取県国府町	国府町	国府町
伯　耆	鳥取県倉吉市	倉吉市	倉吉市
出　雲	島根県松江市	松江市	松江市
石　見	島根県浜田市	浜田市	浜田市
隠　岐	島根県西郷町	西郷町	西郷町
山陽道			
播　磨	兵庫県姫路市	姫路市	姫路市
美　作	岡山県津山市	津山市	津山市
備　前	岡山市	岡山県山陽町	山陽町
備　中	岡山県総社市	総社市	総社市
備　後	広島県神辺町 広島県府中市	神辺町	神辺町 府中市
安　芸	広島県府中町	広島県東広島市	東広島市
周　防	山口県防府市	防府市	防府市
長　門	山口県下関市	下関市	下関市
南海道			
紀　伊	和歌山市	和歌山県打田町	打田町 和歌山県岩出町

国　名	国　府	国分寺	国分尼寺
淡　路	兵庫県三原町	三原町	三原町
阿　波	徳島市	徳島市	徳島県石井町
讃　岐	香川県坂出市	香川県国分寺町	国分寺町
伊　予	愛媛県今治市	今治市	今治市
土　佐	高知県南国市	南国市	未詳
西海道			
筑　前	福岡県太宰府市	太宰府市	太宰府市
筑　後	福岡県久留米市	久留米市	久留米市
豊　前	福岡県豊津町	豊津町	豊津町
	福岡県行橋市		
豊　後	大分市	大分市	未詳
肥　前	佐賀県大和町	大和町	大和町
肥　後	熊本市	熊本市	熊本市
	熊本県城南町		
日　向	宮崎県西都市	西都市	西都市
大　隅	鹿児島県国分市	国分市	国分市
薩　摩	鹿児島県川内市	川内市	未詳
壱　岐	長崎県芦辺町	芦辺町	未詳
対　馬	長崎県厳原町	厳原町	未詳

◎国府は国司が政務をとる国庁の所在地であるが，所在地の複数記載は推定候補地ないし移転地を示したものである。

◎国分寺・国分尼寺は国府の周辺地区におかれたが，両寺が近接しているとはかぎらない。所在地は推定地を含む。

一宮・総社

国名	一　宮	総　社
山城	賀茂別雷神社(京都市北区)	
	賀茂御祖神社(京都市左京区)	
大和	大神神社(奈良県桜井市)	国府神社？(高取町)
河内	枚岡神社(大阪府東大阪市)	志紀県主神社(藤井寺市)
和泉	大鳥神社(大阪府堺市)	和泉五社総社(和泉市)
摂津	住吉大社(大阪市住吉区)	
伊賀	敢国神社(三重県上野市)	
伊勢	椿大神社(三重県鈴鹿市)	三宅神社？(鈴鹿市)
	都波岐·奈加等神社(鈴鹿市)	
志摩	伊雑宮(三重県磯部町)	国府神社？(阿児町)
尾張	真清田神社(愛知県一宮市)	尾張大国霊神社(稲沢市)
三河	砥鹿神社(愛知県一宮町)	総社(豊川市)
遠江	小国神社(静岡県森町)	淡海国玉神社(磐田市)
	事任八幡宮(掛川市)	
駿河	浅間神社(静岡県富士宮市)	神部神社(静岡市)
伊豆	三島大社(静岡県三島市)	
甲斐	浅間神社(山梨県一宮町)	甲斐奈神社？(一宮町)
相模	寒川神社(神奈川県寒川町)	六所神社(大磯町)
武蔵	氷川神社(さいたま市)	大国魂神社(府中市)
安房	安房神社(千葉県館山市)	
上総	玉前神社(千葉県一宮町)	戸隠神社？(市原市)
下総	香取神宮(千葉県佐原市)	六所神社(市川市)
常陸	鹿島神宮(茨城県鹿嶋市)	総社神社(石岡市)
近江	建部大社(大津市)	
美濃	南宮大社(岐阜県垂井町)	南宮御旅神社(垂井町)
飛驒	飛驒一宮水無神社(岐阜県宮村)	飛驒総社(高山市)
信濃	諏訪大社(長野県諏訪市)	伊和社(松本市)
上野	一之宮貫前神社(群馬県富岡市)	総社神社(前橋市)
下野	二荒山神社(栃木県宇都宮市)	大神神社(栃木市)
陸奥	都々古別神社(福島県棚倉町)	陸奥総社宮(多賀城市)
	塩竈神社(宮城県塩竈市)	
出羽	大物忌神社(山形県遊佐町)	六所神社(藤島町)
若狭	若狭彦神社(福井県小浜市)	総神社(小浜市)
越前	気比神宮(福井県敦賀市)	総社大神宮(武生市)
加賀	白山比咩神社(石川県鶴来町)	石部神社(小松市)
能登	気多神社(石川県羽咋市)	総社(七尾市)
越中	気多神社(富山県高岡市)	
	高瀬神社(井波町)	
越後	弥彦神社(新潟県弥彦村)	八幡宮(上越市)

国名	一　宮	総　社
越後	居多神社(上越市)	
佐渡	度津神社(新潟県羽茂町)	総社神社(真野町)
丹波	出雲大神宮(京都府亀岡市)	宗神社？(八木町)
丹後	籠神社(京都府宮津市)	
但馬	出石神社(兵庫県出石町)	気多神社(日高町)
	粟鹿神社(山東町)	
因幡	宇倍神社(鳥取県国府町)	
伯耆	倭文神社(鳥取県東郷町)	国庁裏神社(倉吉市)
出雲	出雲大社(島根県大社町)	六所神社(松江市)
石見	物部神社(島根県大田市)	伊甘神社(浜田市)
隠岐	水若酢神社(島根県五箇村)	玉若酢命神社(西郷町)
	由良比女神社(西ノ島町)	
播磨	伊和神社(兵庫県宍粟郡一宮町)	射楯兵主神社(姫路市)
美作	中山神社(岡山県津山市)	総社(津山市)
備前	吉備津彦神社(岡山市)	総社宮(岡山市)
備中	吉備津神社(岡山市)	総社(総社市)
備後	吉備津神社(広島県新市町)	総社神社(府中市)
安芸	厳島神社(広島県宮島町)	多家神社(府中町)
周防	玉祖神社(山口県防府市)	佐波神社(防府市)
長門	住吉神社(山口県下関市)	若宮神社(下関市)
紀伊	日前国懸神宮(和歌山市)	府守神社？(和歌山市)
淡路	伊奘諾神宮(兵庫県津名郡一宮町)	十一明神神社(三原町)
阿波	大麻比古神社(徳島県鳴門市)	大明神社(徳島市)
讃岐	田村神社(香川県高松市)	総社神社(坂出市)
伊予	大山祇神社(愛媛県大三島町)	伊加奈志神社？(今治市)
土佐	土佐神社(高知市)	総社(南国市)
筑前	筥崎宮(福岡市東区)	
	住吉神社(福岡市博多区)	
筑後	高良大社(福岡県久留米市)	
豊前	宇佐神宮(大分県宇佐市)	惣社八幡神社(豊津町)
豊後	柞原八幡宮(大分市)	
肥前	河上神社(佐賀県大和町)	
	千栗八幡宮(北茂安町)	
肥後	阿蘇神社(熊本県一の宮町)	
日向	都農神社(宮崎県都農町)	
大隅	鹿児島神宮(鹿児島県隼人町)	祓戸神社(国分市)
薩摩	枚聞神社(鹿児島県開聞町)	
	新田神社(川内市)	
壱岐	天手長男神社(長崎県郷ノ浦町)	総社神社(石田町)
対馬	海神神社(長崎県峰町)	

四国八十八カ所霊場

	順番／寺院名	所　在　地
発心（阿波23）	1　霊山寺	徳島県鳴門市大麻町
	2　極楽寺	〃
	3　金泉寺	板野郡板野町
	4　大日寺	〃
	5　地蔵寺	〃
	6　安楽寺	板野郡上板町
	7　十楽寺	板野郡土成町
	8　熊谷寺	〃
	9　法輪寺	〃
	10　切幡寺	阿波郡市場町
	11　藤井寺	麻植郡鴨島町
	12　焼山寺	名西郡神山町
	13　大日寺	徳島市一宮町
	14　常楽寺	徳島市国府町
	15　国分寺	〃
	16　観音寺	〃
	17　井戸寺	〃
	18　恩山寺	小松島市田野町
	19　立江寺	小松島市立江町
	20　鶴林寺	勝浦郡勝浦町
	21　太竜寺	阿南市加茂町
	22　平等寺	阿南市新野町
	23　薬王寺	海部郡日和佐町
修行（土佐16）	24　最御崎寺	高知県室戸市室戸岬町
	25　津照寺	室戸市室津
	26　金剛頂寺	室戸市元
	27　神峰寺	安芸郡安田町
	28　大日寺	香美郡野市町
	29　国分寺	南国市国分
	30　善楽寺	高知市一宮
	31　竹林寺	高知市五台山
	32　禅師峰寺	南国市十市
	33　雪蹊寺	高知市長浜
	34　種間寺	吾川郡春野町
	35　清滝寺	土佐市高岡町
	36　青竜寺	土佐市宇佐町
	37　岩本寺	高岡郡窪川町
	38　金剛福寺	土佐清水市足摺岬
	39　延光寺	宿毛市平田町
菩提（伊予26）	40　観自在寺	愛媛県南宇和郡御荘町
	41　竜光寺	北宇和郡三間町
	42　仏木寺	〃
	43　明石寺	東宇和郡宇和町
	44　大宝寺	上浮穴郡久万町

	順番／寺院名	所　在　地
	45　岩屋寺	愛媛県上浮穴郡美川村
	46　浄瑠璃寺	松山市浄瑠璃町
	47　八坂寺	〃
	48　西林寺	松山市高井町
	49　浄土寺	松山市鷹子町
	50　繁多寺	松山市畑寺町
	51　石手寺	松山市石手
	52　太山寺	松山市太山寺町
	53　円明寺	松山市和気町
	54　延命寺	今治市阿方
	55　南光坊	今治市別宮町
	56　泰山寺	今治市小泉
	57　栄福寺	越智郡玉川町
	58　仙遊寺	〃
	59　国分寺	今治市国分
	60　横峰寺	周桑郡小松町
	61　香園寺	〃
	62　宝寿寺	〃
	63　吉祥寺	西条市氷見
	64　前神寺	西条市洲之内
	65　三角寺	川之江市金田町
涅槃(讃岐23)	66　雲辺寺	徳島県三好郡池田町
	67　大興寺	香川県三豊郡山本町
	68　神恵院	観音寺市八幡町
	69　観音寺	〃
	70　本山寺	三豊郡豊中町
	71　弥谷寺	三豊郡三野町
	72　曼荼羅寺	善通寺市吉原町
	73　出釈迦寺	〃
	74　甲山寺	善通寺市弘田町
	75　善通寺	善通寺市善通寺町
	76　金倉寺	善通寺市金蔵寺町
	77　道隆寺	仲多度郡多度津町
	78　郷照寺	綾歌郡宇多津町
	79　高照院	坂出市西庄町
	80　国分寺	綾歌郡国分寺町
	81　白峯寺	坂出市青海町
	82　根香寺	高松市中山町
	83　一宮寺	高松市一宮町
	84　屋島寺	高松市屋島東町
	85　八栗寺	木田郡牟礼町
	86　志度寺	大川郡志度町
	87　長尾寺	大川郡長尾町
	88　大窪寺	〃

西国三十三カ所霊場

順番／寺院名	所　在　地
1 青岸渡寺	和歌山県東牟婁郡那智勝浦町
2 金剛宝寺(紀三井寺)	和歌山市
3 粉河寺	那賀郡粉河町
4 施福寺(槇尾寺)	大阪府和泉市
5 葛井寺	藤井寺市
6 南法華寺(壺阪寺)	奈良県高市郡高取町
7 竜蓋寺(岡寺)	高市郡明日香村
番外 法起院	桜井市
8 長谷寺	〃
9 興福寺南円堂	奈良市
10 三室戸寺	京都府宇治市
11 (上)醍醐寺	京都市伏見区
12 正法寺(岩間寺)	滋賀県大津市
13 石山寺	〃
14 三井寺	〃
番外 元慶寺	京都府京都市山科区
15 観音寺	京都市東山区
16 清水寺	〃
17 六波羅蜜寺	〃
18 頂法寺(六角堂)	京都市中京区
19 行願寺(革堂)	〃
20 善峰寺	京都市西京区
21 穴太寺	亀岡市
22 総持寺	大阪府茨木市
23 勝尾寺	箕面市
24 中山寺	兵庫県宝塚市
番外 菩提寺(花山院)	三田市
25 清水寺	加東郡社町
26 一乗寺	加西市
27 円教寺	姫路市
28 成相寺	京都府宮津市
29 松尾寺	舞鶴市
30 宝厳寺	滋賀県東浅井郡びわ町
31 長命寺	近江八幡市
32 観音正寺	蒲生郡安土町
33 華厳寺	岐阜県揖斐郡谷汲村

坂東三十三カ所霊場

順番/寺院名		所在地
1	杉本寺	神奈川県鎌倉市
2	岩殿寺	逗子市
3	安養院	鎌倉市
4	長谷寺	〃
5	勝福寺	小田原市
6	長谷寺	厚木市
7	光明寺	平塚市
8	星谷寺	座間市
9	慈光寺	埼玉県比企郡都幾川村
10	正法寺	東松山市
11	安楽寺	比企郡吉見町
12	慈恩寺	岩槻市
13	浅草寺	東京都台東区
14	弘明寺	神奈川県横浜市
15	長谷寺	群馬県群馬郡榛名町
16	水沢寺	北群馬郡伊香保町
17	満願寺	栃木県栃木市
18	中禅寺	日光市
19	大谷寺	宇都宮市
20	西明寺	芳賀郡益子町
21	日輪寺	茨城県久慈郡大子町
22	佐竹寺	常陸太田市
23	正福寺	笠間市
24	楽法寺	真壁郡大和村
25	大御堂	つくば市
26	清滝寺	新治郡新治村
27	円福寺	千葉県銚子市
28	竜正院	香取郡下総町
29	千葉寺	千葉市
30	高蔵寺	木更津市
31	笠森寺	長生郡長南町
32	清水寺	夷隅郡岬町
33	那古寺	館山市

秩父三十四カ所霊場

順番／寺院名		所在地
1	四萬部寺	秩父市
2	真福寺	〃
3	常泉寺	〃
4	金昌寺	〃
5	語歌堂	横瀬町
6	卜雲寺	〃
7	法長寺	〃
8	西善寺	〃
9	明智寺	〃
10	大慈寺	〃
11	常楽寺	秩父市
12	野坂寺	〃
13	慈眼寺	〃
14	今宮坊	〃
15	少林寺	〃
16	西光寺	〃
17	定林寺	〃
18	神門寺	〃
19	竜石寺	〃
20	岩之上堂	〃
21	観音寺	〃
22	童子堂	〃
23	音楽寺	〃
24	法泉寺	〃
25	久昌寺	〃
26	円融寺	〃
27	大淵寺	〃
28	橋立寺	〃
29	長泉院	荒川村
30	法雲寺	〃
31	観音院	小鹿野町
32	法性寺	〃
33	菊水寺	吉田町
34	水潜寺	皆野町

主な仏教宗派

【南都系】	
法相宗	薬師寺
	興福寺
北法相宗	清水寺
聖徳宗	法隆寺
慈恩宗	慈恩寺
華厳宗	東大寺
律　宗	唐招提寺
真言律宗	西大寺
【天台系】	
天台宗	延暦寺
	中尊寺
	寛永寺
	善光寺
	輪王寺
天台寺門宗	園城寺
天台真盛宗	西教寺
本山修験宗	聖護院
修験道	五流尊瀧院
金峰山修験本宗	金峰山寺
和　宗	四天王寺
鞍馬弘教	鞍馬寺
粉河観音宗	粉河寺
大和宗	大乗寺
聖観音宗	浅草寺
妙見宗	本瀧寺
【真言系】	
高野山真言宗	金剛峰寺
真言宗大覚寺派	大覚寺
須磨寺派	福祥寺
善通寺派	善通寺
東寺派	正法寺
東寺真言宗	教王護国寺
真言宗醍醐派	醍醐寺
御室派	仁和寺
泉涌寺派	泉涌寺
山階派	勧修寺
豊山派	長谷寺
智山派	智積院
	薬王院
	平間寺
	新勝寺

真言宗室生寺派	室生寺
中山寺派	中山寺
新義真言宗	根来寺
信貴山真言宗	朝護孫子寺
霊山寺真言宗	霊山寺
【浄土系】	
浄土宗	知恩院
	光明寺
	善導寺
	清浄華院
	知恩寺
	善光寺
	増上寺
	金戒光明寺
浄土宗捨世派	一心院
西山深草派	誓願寺
西山禅林寺派	禅林寺
西山浄土宗	光明寺
真宗本願寺派	西本願寺
大谷派	東本願寺
高田派	専修寺
興正派	興正寺
仏光寺派	仏光寺
三門徒派	専照寺
木辺派	錦織寺
出雲路派	毫摂寺
山元派	証誠寺
誠照寺派	誠照寺
時　宗	清浄光寺
融通念仏宗	大念仏寺
【禅　系】	
臨済宗妙心寺派	妙心寺
建長寺派	建長寺
円覚寺派	円覚寺
東福寺派	東福寺
建仁寺派	建仁寺
南禅寺派	南禅寺
大徳寺派	大徳寺
天龍寺派	天龍寺

臨済宗相国寺派	相国寺
永源寺派	永源寺
向嶽寺派	向嶽寺
方広寺派	方広寺
仏通寺派	仏通寺
国泰寺派	国泰寺
曹洞宗	永平寺
	総持寺
黄檗宗	万福寺
【法華系】	
日蓮宗	久遠寺
日蓮本宗	要法寺
日蓮正宗	大石寺
顕本法華宗	妙満寺
法華宗（本門流）	本能寺など4寺
法華宗（陣門流）	本成寺
法華宗（真門流）	本隆寺
本門法華宗	妙蓮寺
日蓮宗不受不施派	妙覚寺
日蓮講門宗	本覚寺
最上稲荷教	妙教寺

伝統的な日本仏教諸宗派は南都系3（法相・律・華厳），天台系，真言系，浄土系4（浄土・真・時・融通念仏），禅系3（臨済・曹洞・黄檗），法華系の13派を中心としているが，そのほかにもある。

第2次大戦後，諸宗派の分離・独立が自由となり，宗派の分裂や新宗派の成立がめざましくなった。上表は，主な伝統的諸宗派名とその本山である。

現代の主な新宗教

【仏教系】(開教年)	
念法真教(1947)	天台系
真如苑(1936)	真言系
弁天宗(1952)	真言系
阿含宗(1978)	真言系
オウム真理教(1989)＊	真言系
円応教(1931)	禅系
霊友会(1930)	法華系
創価学会(1930)	法華系
孝道教団(1935)	法華系
立正佼成会(1938)	法華系
本門仏立宗(1946)	法華系
妙智会(1950)	法華系
幸福の科学(1986)＊	法華系
【神道系】	
天理教(1838)	
金光教(1859)	
大本教(1892)	
ほんみち(1913)	
生長の家(1930)	
ＰＬ教団(1946)	
天照皇大神宮教(1946)	
世界救世教(1950)	
救世主教(1956)	
霊波之光(1957)	
【キリスト教系】(日本での開教年)	
モルモン教(1949)	
ものみの塔・エホバの証人(1912)	
世界基督教統一神霊教会(1964)	

19世紀以降，伝統的宗教教団から独立し，民衆を担い手とする宗教集団がうまれた。これを新宗教(＊は1970年代以降の新新宗教)とよんでいる。

明治期にも教派神道が多くうまれたが，第2次大戦後は価値観の激変のため爆発的に出現した。上表は，それらの主なものを開教年とともに示した。

地形図の記号

国土地理院発行，2万5,000分の1　(平成14年図式)

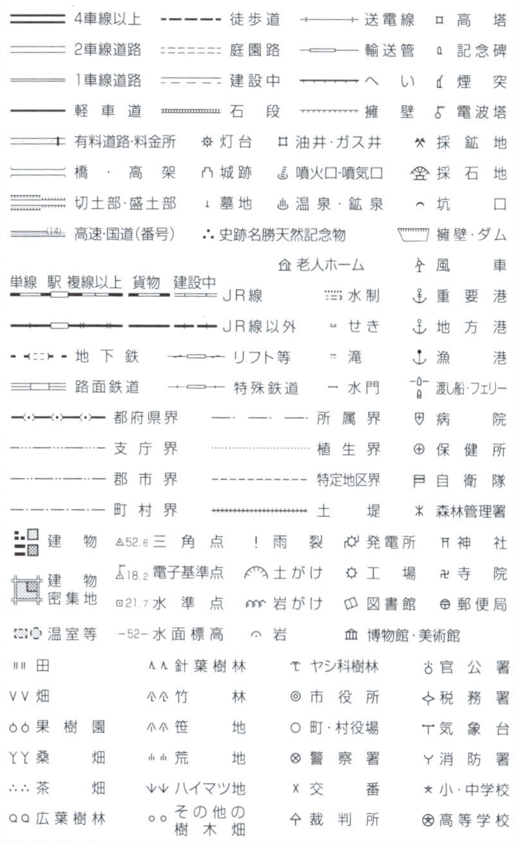
4車線以上
徒歩道
送電線
高塔
2車線道路
庭園路
輸送管
記念碑
1車線道路
建設中
へい
煙突
軽車道
石段
擁壁
電波塔
有料道路·料金所
灯台
油井·ガス井
採鉱地
橋·高架
城跡
噴火口·噴気口
採石地
切土部·盛土部
墓地
温泉·鉱泉
坑口
(14)
高速·国道(番号)
史跡名勝天然記念物
擁壁·ダム
老人ホーム
風車
単線
駅
複線以上
貨物
建設中
JR線
水制
重要港
JR線以外
せき
地方港
地下鉄
リフト等
滝
漁港
路面鉄道
特殊鉄道
水門
渡し船·フェリー
都府県界
所属界
病院
支庁界
植生界
保健所
郡市界
特定地区界
自衛隊
町村界
土堤
森林管理署
建物
52.6
三角点
雨裂
発電所
神社
建物密集地
18.2
電子基準点
土がけ
工場
寺院
21.7
水準点
岩がけ
図書館
郵便局
温室等
-52-
水面標高
岩
博物館·美術館
田
針葉樹林
ヤシ科樹林
官公署
畑
竹林
市役所
税務署
果樹園
笹地
町·村役場
気象台
桑畑
荒地
警察署
消防署
茶畑
ハイマツ地
交番
小·中学校
広葉樹林
その他の樹木畑
裁判所
高等学校

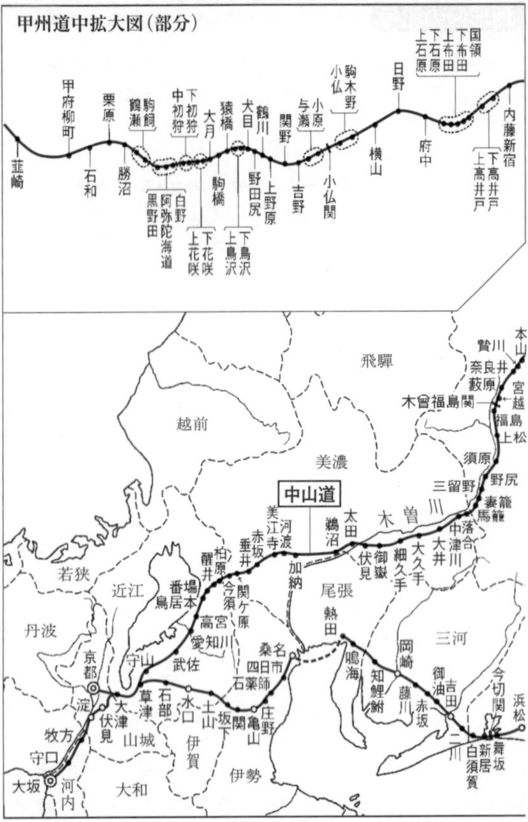

［五街道と宿駅］　五街道とは江戸幕府の道中奉行の支配下におかれた五つの主要街道で，すべて江戸日本橋を起点としている。その名称は18世紀初めに，東日本の海沿いの道を東海道，中央の山岳地帯を通る道を中山道，他の3道は海沿いも山地も通らないので日光・奥州・甲州道中とよぶとされた。

五街道には美濃路・本坂道・日光御成道などの付属道があり，また伊勢路・北国路・佐渡路など重要な脇街道もあるが，図示

するとかえってわかりにくくなるので省略した。

五街道には所定の宿駅がおかれた。東海道には53宿(大坂までと考えると伏見・淀・枚方・守口の4宿が加わる)，中山道は67宿，日光道中は21宿，奥州道中は10宿，甲州道中は44宿である。具体的な宿駅名は必要に応じて見ていただきたい。大切なのは大まかなルートの理解である。とくに熱田(宮)から桑名をへて草津に至る東海道は現代のルートと大きく違っている。

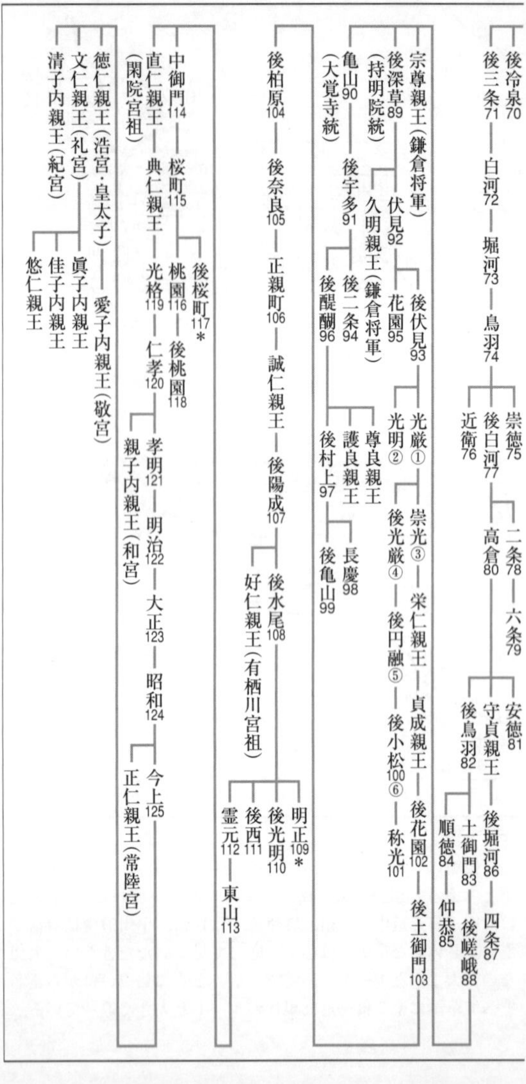
後冷泉70
後三条71
白河72
堀河73
鳥羽74
崇徳75
後白河77
近衛76
二条78
六条79
高倉80
安徳81
守貞親王
後鳥羽82
後堀河86
四条87
土御門83
後嵯峨88
順徳84
仲恭85
宗尊親王(鎌倉将軍)
後深草89
(持明院統)
亀山90
(大覚寺統)
伏見92
久明親王(鎌倉将軍)
後伏見93
花園95
光厳①
光明②
崇光③
後光厳④
栄仁親王
貞成親王
後花園102
後土御門103
後円融⑤
後小松100⑥
称光101
後宇多91
後二条94
後醍醐96
尊良親王
護良親王
後村上97
長慶98
後亀山99
後柏原104
後奈良105
正親町106
誠仁親王
後陽成107
後水尾108
好仁親王(有栖川宮祖)
明正109＊
後光明110
後西111
霊元112
東山113
中御門114
直仁親王
(閑院宮祖)
桜町115
後桜町117＊
桃園116
後桃園118
典仁親王
光格119
仁孝120
孝明121
親子内親王(和宮)
明治122
大正123
昭和124
今上125
正仁親王(常陸宮)
徳仁親王(浩宮・皇太子)
愛子内親王(敬宮)
文仁親王(礼宮)
眞子内親王
佳子内親王
悠仁親王
清子内親王(紀宮)

皇室系図

1～125は皇統譜による天皇代数 ①～⑥は北朝天皇 ＊は女帝

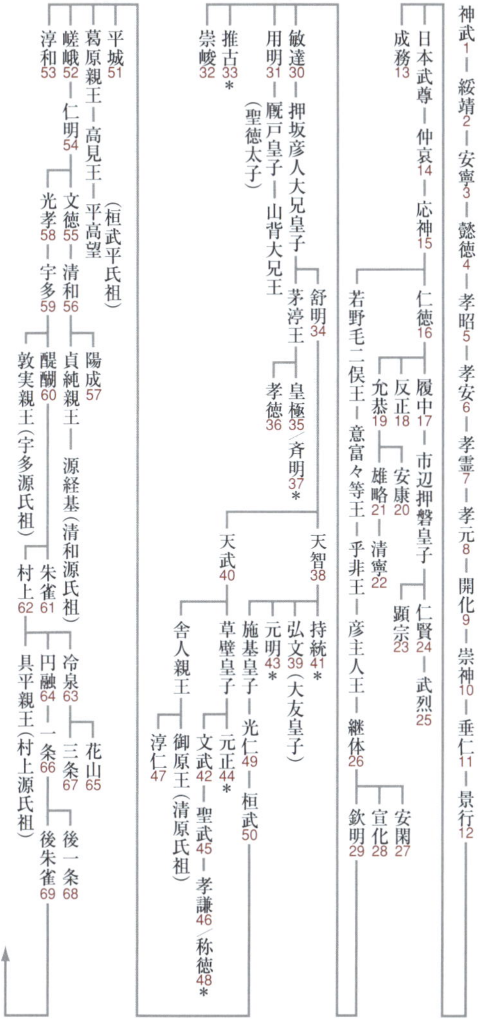
神武1－綏靖2－安寧3－懿徳4－孝昭5－孝安6－孝霊7－孝元8－開化9－崇神10－垂仁11－景行12
成務13
日本武尊－仲哀14－応神15
仁徳16
履中17－市辺押磐皇子－仁賢24－武烈25
顕宗23
反正18
允恭19
安康20
雄略21－清寧22
若野毛二俣王－意富々等王－乎非王－彦主人王－継体26
安閑27
宣化28
欽明29
敏達30－押坂彦人大兄皇子
舒明34
茅渟王
皇極35/斉明37＊
孝徳36
用明31－厩戸皇子（聖徳太子）－山背大兄王
推古33＊
崇峻32
天智38
持統41＊
弘文39（大友皇子）
元明43＊
施基皇子－光仁49－桓武50
天武40
草壁皇子－文武42－聖武45－孝謙46/称徳48＊
元正44＊
舎人親王－御原王（清原氏祖）
淳仁47
平城51
葛原親王－高見王－平高望（桓武平氏祖）
嵯峨52－仁明54
文徳55－清和56
陽成57
貞純親王－源経基（清和源氏祖）
光孝58－宇多59
醍醐60
敦実親王（宇多源氏祖）
朱雀61
村上62
冷泉63
花山65
三条67
円融64－一条66
後一条68
後朱雀69
具平親王（村上源氏祖）
淳和53

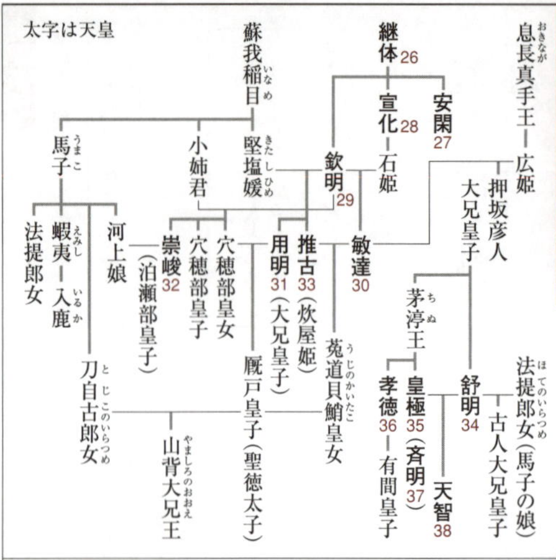

皇室と蘇我氏の関係系図

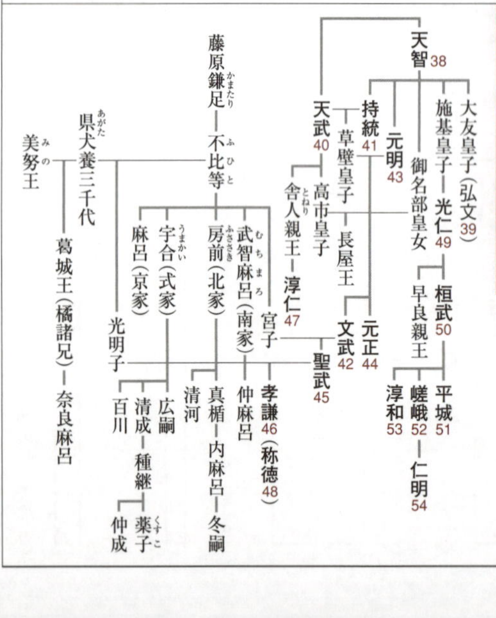

皇室と藤原氏の関係系図Ⅰ

皇室と藤原氏の関係系図Ⅱ

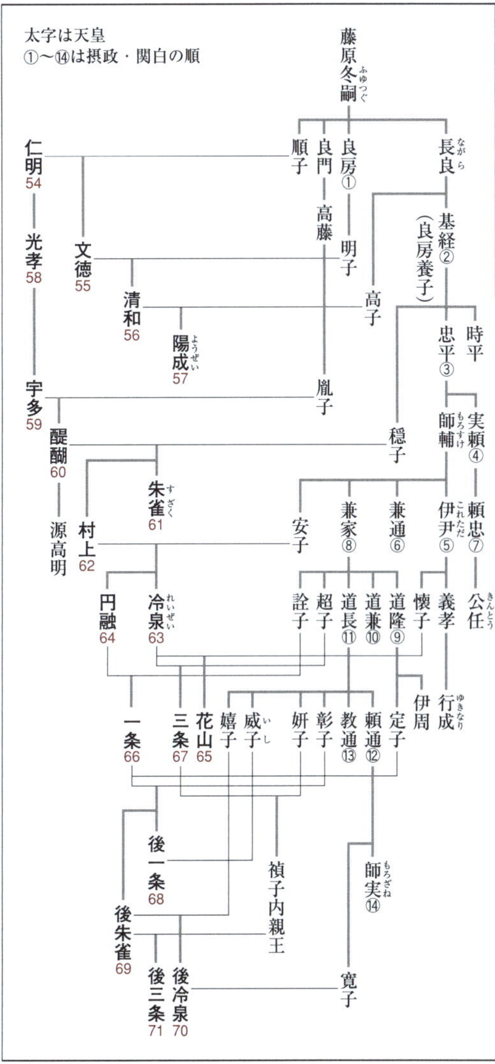

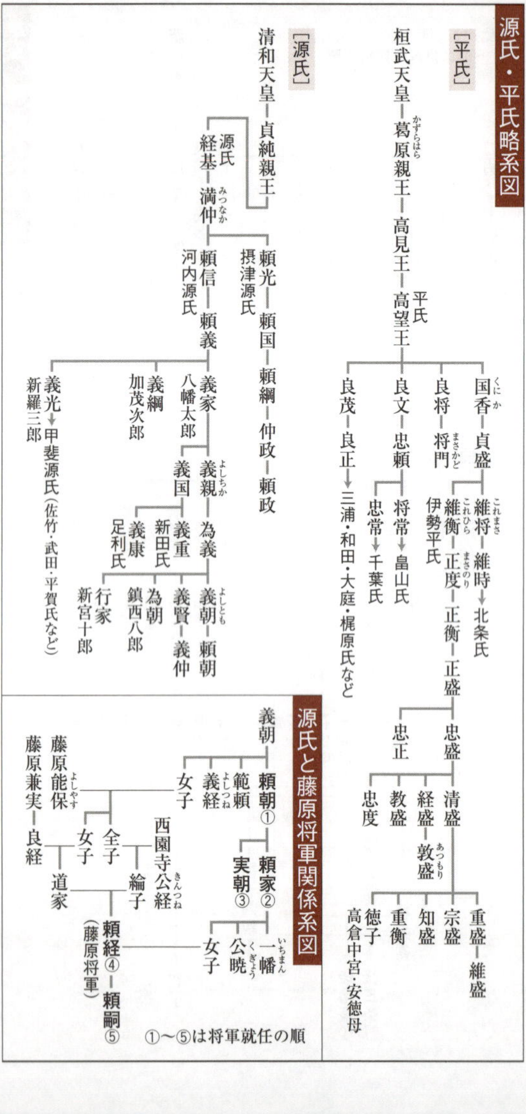
源氏・平氏略系図
[平氏]
桓武天皇—葛原《かずらはら》親王—高見王—高望王
平氏
国香《くにか》—貞盛
維将《これまさ》—維時→北条氏
維衡《これひら》—正度《まさのり》—正衡—正盛
伊勢平氏
良将—将門《まさかど》
良文—忠頼
将常→畠山氏
忠常→千葉氏
良茂—良正→三浦・和田・大庭・梶原氏など
忠盛
忠正
清盛
経盛—敦盛《あつもり》
教盛
忠度
重盛—維盛
宗盛
知盛
重衡
徳子
高倉中宮・安徳母
[源氏]
清和天皇—貞純親王
源氏
経基—満仲《みつなか》
頼光—頼国—頼綱—仲政—頼政
摂津源氏
頼信—頼義
河内源氏
義家
八幡太郎
義親《よしちか》—為義
義国
義重
新田氏
義康
足利氏
義朝《よしとも》—頼朝
義賢—義仲
為朝
鎮西八郎
行家
新宮十郎
義綱
加茂次郎
義光→甲斐源氏(佐竹・武田・平賀氏など)
新羅三郎
源氏と藤原将軍関係系図
義朝
頼朝①
頼家②
実朝③
一幡《いちまん》
公暁《くぎょう》
女子
範頼
義経《よしつね》
女子
藤原能保《よしやす》
全子
女子
西園寺公経《きんつね》
綸子
藤原兼実—良経
道家
頼経④—頼嗣⑤
(藤原将軍)
①〜⑤は将軍就任の順

北条氏略系図

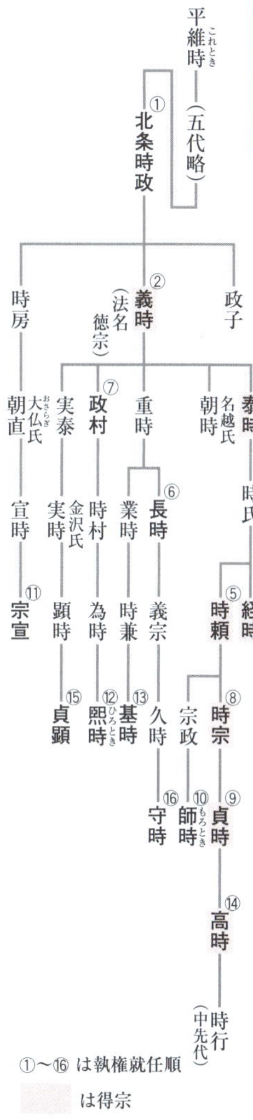

足利氏略系図

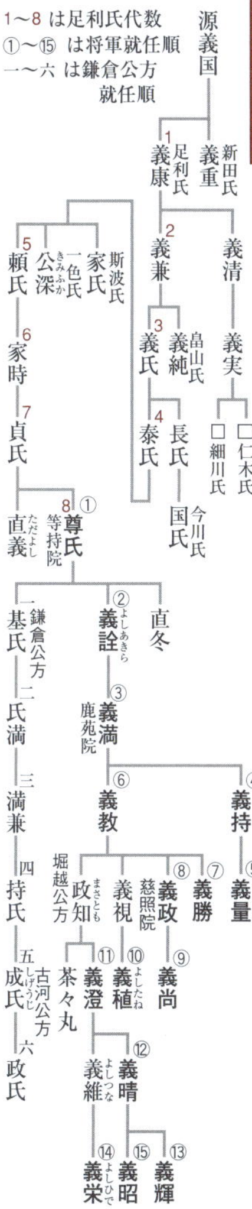

南北朝期の皇室略系図

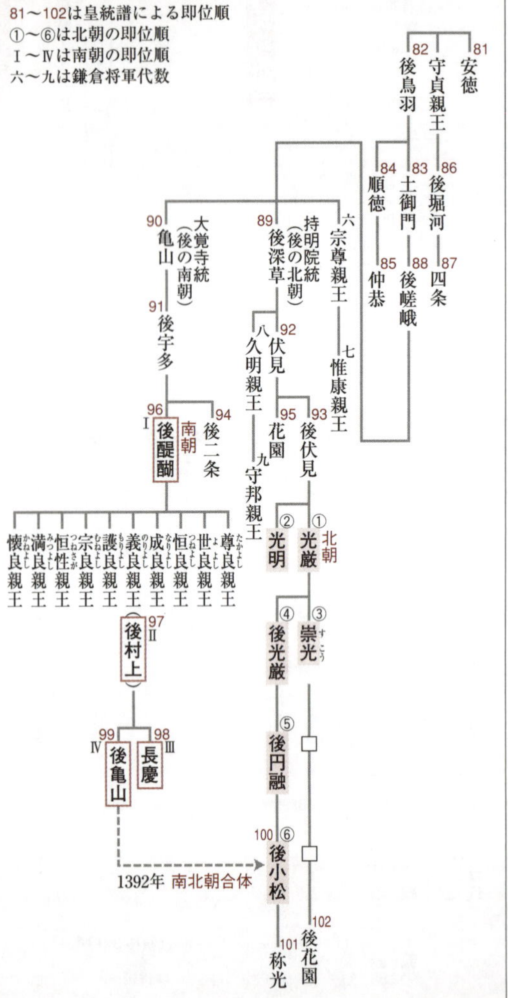
81〜102は皇統譜による即位順
①〜⑥は北朝の即位順
Ⅰ〜Ⅳは南朝の即位順
六〜九は鎌倉将軍代数
81 安徳
82 後鳥羽
守貞親王
83 土御門
84 順徳
85 仲恭
86 後堀河
87 四条
88 後嵯峨
89 後深草
持明院統（後の北朝）
90 亀山
大覚寺統（後の南朝）
六 宗尊親王
七 惟康親王
八 久明親王
九 守邦親王
91 後宇多
92 伏見
93 後伏見
94 後二条
95 花園
96 Ⅰ 後醍醐
南朝
尊良《たかよし》親王
世良《よよし》親王
恒良《つねよし》親王
成良《なりよし》親王
義良《のりよし》親王
護良《もりよし》親王
宗良《むねよし》親王
恒性《つねさが》親王
満良《みつよし》親王
懐良《かねよし》親王
97 Ⅱ 後村上
98 Ⅲ 長慶
99 Ⅳ 後亀山
① 光厳
北朝
② 光明
③ 崇光《すこう》
④ 後光厳
⑤ 後円融
100 ⑥ 後小松
101 称光
102 後花園
1392年 南北朝合体

徳川氏略系図

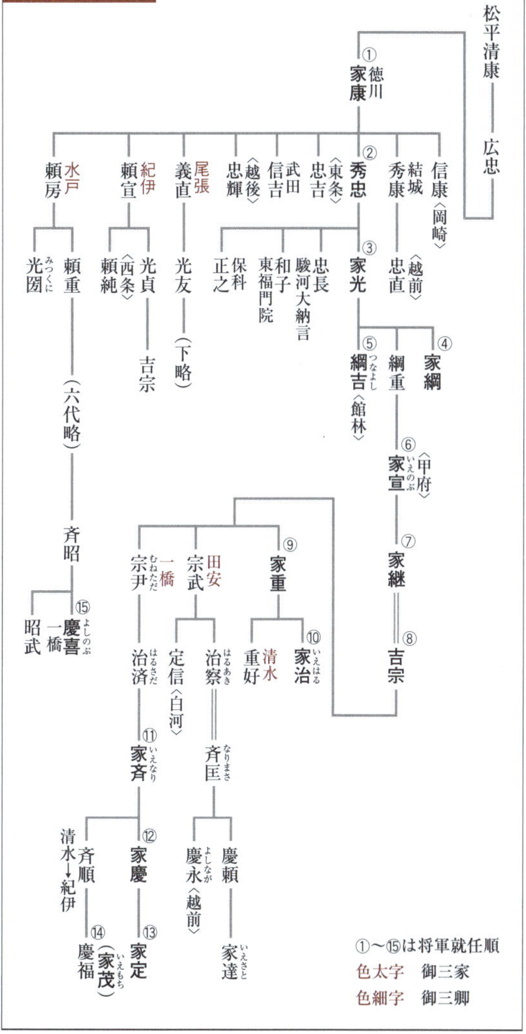

松平清康
広忠
① 徳川家康
信康〈岡崎〉
結城秀康
忠直〈越前〉
② 秀忠
〈東条〉忠吉
武田信吉
〈越後〉忠輝
尾張 義直
光友
（下略）
紀伊 頼宣
光貞
吉宗
〈西条〉頼純
水戸 頼房
頼重
（六代略）
斉昭
⑮ 慶喜《よしのぶ》
一橋
昭武
光圀《みつくに》
③ 家光
忠長
駿河大納言
和子
東福門院
保科正之
④ 家綱
綱重
⑥ 家宣《いえのぶ》〈甲府〉
⑦ 家継
⑧ 吉宗
⑤ 綱吉《つなよし》〈館林〉
⑨ 家重
⑩ 家治《いえはる》
清水 重好
田安 宗武
治察《はるあき》
斉匡《なりまさ》
慶頼
家達《いえさと》
慶永《よしなが》〈越前〉
定信〈白河〉
一橋 宗尹《むねただ》
治済《はるさだ》
⑪ 家斉《いえなり》
⑫ 家慶
⑬ 家定
斉順
清水→紀伊
⑭ 慶福
（家茂《いえもち》）
①〜⑮は将軍就任順
色太字　御三家
色細字　御三卿

祭神と神社

祭神	神社
[天つ神]	
天照大神	皇大神宮・熱田神宮・西宮神社
伊弉諾尊・伊弉冉尊	伊弉諾神宮・多賀大社・白山神社
月読尊	月山神社
素戔嗚尊	氷川神社・八坂神社・熊野大社
大山祇神	三島大社・大山祇神社
武甕槌神	鹿島神宮・石上神宮・春日大社
経津主神	香取神宮・春日大社
瓊瓊杵尊	霧島神宮
倉稲魂神	伏見稲荷大社ほか稲荷社
住吉三神	住吉大社・香椎宮
宗像三神	宗像大社・宇佐神宮・厳島神社
少彦名神	大神神社・酒列磯前神社
高龗神	貴船神社・阿夫利神社
[国つ神]	
大国主神	出雲大社・日吉大社・氷川神社
木花開耶姫	浅間神社
事代主神	三島大社・美保神社
建御名方神	諏訪大社
大山咋神	日吉大社・松尾大社・日枝神社
[人物神]	
神武天皇	橿原神宮・宮崎神宮
応神天皇	宇佐八幡宮ほか八幡神社
藤原鎌足	談山神社
菅原道真	北野天満宮ほか天満宮
徳川家康	東照宮
平将門	神田神社

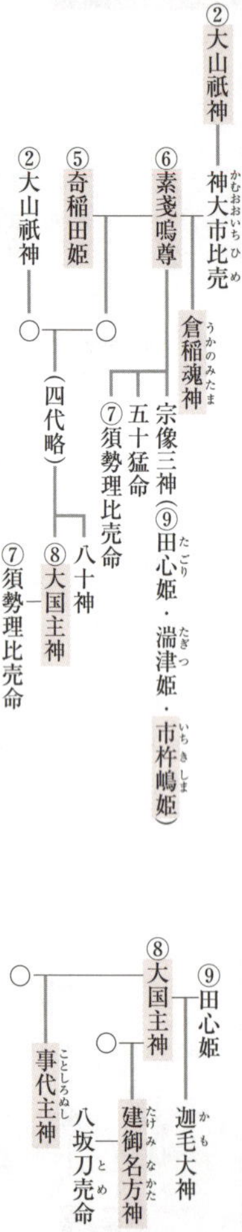

＊大国主神は、大己貴神《おおなむち》・葦原色許男神《しこお》・八千矛神《やちほこ》・宇都志国玉神《うつしくにたま》・大物主神など異名が多い。

神々の略系譜

◎多くの神社で祀られている天つ神の神々を中心に簡略にまとめた。系譜として示しにくい国つ神は登場しない。
◎神名は『日本書紀』の表記を中心とした。異伝が多く表記も一定しない。命・尊などは「神」におきかえて理解したい。
◎神名に付した同番号は同一の神である。

天御中主尊《あめのみなかぬしのみこと》—高皇産霊尊《たかみむすひ》—神皇産霊尊《かみむすひ》—可美葦牙彦舅尊《うましあしかびひこじ》—天常立尊《あめのとこたち》（ここまでの五代を別天神《ことあまつかみ》五柱とする）

- 高皇産霊尊 — 思兼神
- 神皇産霊尊 — 少彦名神

国常立尊—（五代略）—①伊弉諾尊《いざなぎ》＝伊弉冉尊《いざなみ》

- 蛭児
- （大八洲・六島など多くの島もある）
- 海神三神（③大綿津見神ら）
- ②大山祇神《おおやまづみ》
  - 足名椎神＝手名槌神 — ⑤奇稲田姫《くしいなだ》
  - 磐長姫
  - ④木花開耶姫
- 大宜都比売神
- 金山毘古神
- 豊受大神

①伊弉諾尊（伊弉冉尊の死後に生んだ神）

- 武甕槌神《たけみかづち》（経津主神《ふつぬし》と同一）
- 闇淤加美神《くらおかみ》（高龗神《たかおかみ》と同一か）
- 住吉三神（底筒男・中筒男・上筒男神）
- 天照大神
  - 天忍穂耳命 — 瓊瓊杵尊《ににぎ》＝④木花開耶姫《このはなさくや》
    - 火照命《ほでり》（海幸彦）
    - 火須勢理命
    - 火遠理命（彦火火出見尊・山幸彦）＝豊玉姫
      - 鸕鷀草葺不合尊《うがやふきあえず》＝玉依姫
        - 五瀬命
        - 神《かむ》日本《やまと》磐余《いわれ》彦《ひこ》尊（神武天皇）
  - 天穂日命
  - ○—天目一箇神
  - 熊野久須毘命
- 月読尊《つくよみ》
- ⑥素戔嗚尊《すさのお》

③大綿津見神《おおわたつみ》

- 豊玉姫
- 玉依姫

＊天照大神がこもった天岩戸前に集まった神に天児屋命《こやね》・太玉命・天手力男命《たぢからお》・天鈿女命《うずめ》らがいる。
＊瓊瓊杵尊の高千穂降臨の際、猿田彦神が道案内した。

律令官制

＊は令外官

〈中央〉

- 神祇官
- 太政官
  - 〈太政官〉
    - 左大臣
    - 太政大臣－大納言
      - 左弁官
        - 中務省
          - 中宮職
          - 左右大舎人寮
          - 図書寮・内蔵寮
          - 縫殿寮・陰陽寮
          - 内匠寮＊・画工司
          - 内薬司・内礼司
        - 式部省
          - 大学寮・散位寮
        - 治部省
          - 雅楽寮・玄蕃寮
          - 諸陵司（諸陵寮）
          - 喪儀司
        - 民部省
          - 主計寮・主税寮
      - 少納言
      - 右弁官
        - 兵部省
          - （以下、寮司など略）
        - 刑部省
        - 大蔵省
        - 宮内省
    - 右大臣
    - 内大臣＊
    - 中納言＊
    - 参議＊
  - 弾正台
  - 衛門府・左右衛士府・左右兵衛府…五衛府
  - 勘解由使＊・左右近衛府＊
  - 斎宮寮＊・斎院司＊
  - 修理職＊・施薬院使＊
  - 検非違使＊
  - **〈地方〉**
  - 〈諸国〉－国［国司］
    - 郡［郡司］－里［里長］－保－戸
    - 軍団
  - 〈京〉－左右京職
    - 坊［坊令］
    - 東西市司
  - 〈難波〉－摂津職
  - 〈筑紫〉－大宰府
    - 防人司
    - 国司・島司
      - 郡司
      - 軍団

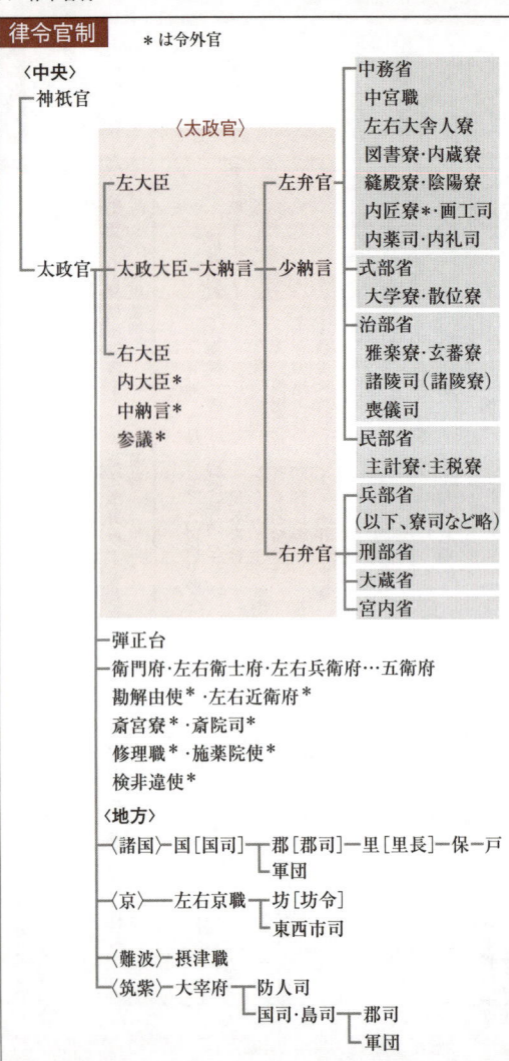

鎌倉幕府の職制

【頼朝時代】

- 将軍
  - 〈鎌倉〉
    - 政所（公文所）
    - 問注所
    - 侍所
  - →〈諸国〉守護→地頭〈荘園・公領〉
  - →〈京都〉京都守護

【執権時代】

- 将軍
  - 〈鎌倉〉
    - 執権→評定会議
      - 政所
      - 問注所
      - 侍所
      - 引付会議
  - →〈東国〉守護→地頭〈荘園・公領〉
  - →〈京都〉六波羅探題
    - ↓〈畿内・西国〉守護→地頭〈荘園・公領〉

室町幕府の職制

- 将軍
  - 〈中央〉
    - 管　領（三管領）
      - 評定衆—引　付
        - 評定奉行
        - 守護奉行
        - 恩賞奉行
        - 社家奉行
        - 寺家奉行
      - 政　所［執事］
        - 普請奉行
        - 段銭奉行
        - 申　次　衆
        - 披露奉行
      - 侍　所［所司］（四　職）
        - 地方頭人
        - 検　断　職
      - 問注所［執事］
        - 越訴奉行
        - 証人奉行
  - 〈地方〉
    - 鎌倉府［鎌倉公方］—関東管領
      - 評　定　衆
      - 政　　所
      - 侍　　所
      - 問　注　所
    - 九州探題
    - 羽州探題
    - 奥州探題
    - 守　護—地　頭

*三管領:細川・斯波・畠山3氏が交代で将軍補佐

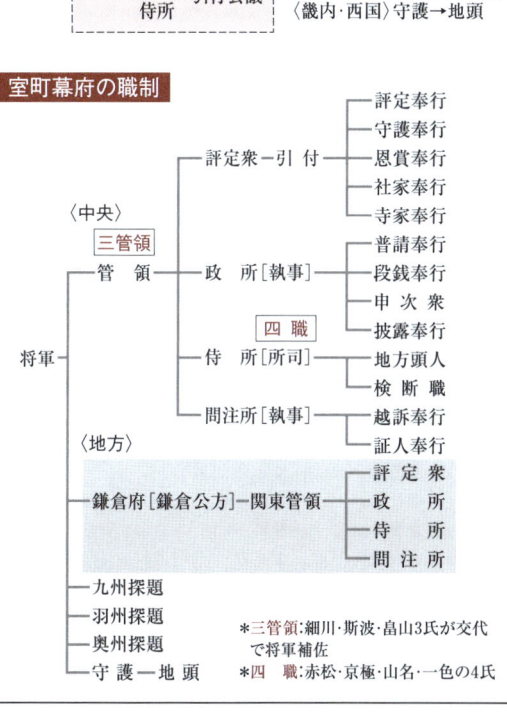

*四　職:赤松・京極・山名・一色の4氏

江戸幕府の職制

（灰色の網掛け）は安政期以後の新設

- 将軍
  - 大老
  - 老中
    - 側衆
    - 高家
    - 大目付
    - 大番頭—大番組頭
    - 町奉行（江戸）
    - 勘定奉行
      - 郡代（美濃・飛騨・西国筋）
      - 代官
      - 勘定組頭
      - 金・銀・朱座
    - 勘定吟味役
    - 関東郡代（1784年まで勘定奉行支配）
    - 作事奉行・普請奉行など
    - 甲府勤番支配
    - 小普請組支配
    - 宗門改役（大目付・作事奉行兼務）
    - 道中奉行（大目付・勘定奉行兼務）
    - 城代（駿府・二条：1699年,定番に代わる）
    - 町奉行（京都・大坂・駿府）
    - 奉行（伏見・長崎・奈良・山田・日光・堺・下田・浦賀・新潟・佐渡・箱館・神奈川・兵庫）
    - 外国奉行・陸軍奉行・海軍奉行・講武所奉行
  - 側用人
  - 若年寄
    - 書院番頭—書院番組頭
    - 小姓組番頭—小姓組番組頭
    - 林大学頭
    - 小普請奉行
    - 小姓
    - 目付
    - 小十人頭
    - 徒頭
    - 天文方
    - 小石川薬園奉行
    - 数寄屋頭
    - 講武所調物頭取
    - 軍艦操練所頭取
  - 奏者番
  - 寺社奉行
  - 京都所司代
  - 大坂城代
  - 政事総裁職
  - 京都守護職
  - 陸軍総裁
  - 海軍総裁

明治初期の官制

①三職制（王政復古の大号令）1867.12～

- 総裁
- 議定
- 参与

②三職七科制 1868.1～

総裁・議定・参与

- 神祇事務科
- 内国事務科
- 外国事務科
- 海陸軍務科
- 会計事務科
- 刑法事務科
- 制度事務科（制度寮）

③三職八局制 1868.2～

総裁・議定・参与

- 総裁局
- 神祇事務局
- 内国事務局
- 外国事務局
- 軍防事務局
- 会計事務局
- 刑法事務局
- 制度事務局

④太政官制Ⅰ（政体書）1868.閏4～

太政官

- 〈行政〉行政官
  - 神祇官
  - 会計官
  - 軍務官
  - 外国官
  - 民部官
  - 〈地方〉
    - 府（知府事）
    - 藩（諸侯）
    - 県（知県事）
- 〈司法〉刑法官
- 〈立法〉議政官
  - 上局　議定・参与
  - 下局　議長・議員

⑤太政官制Ⅱ（版籍奉還後）1869.7～

- 神祇官
- 太政官　左大臣・右大臣・大納言・参議
  - 民部省
  - 大蔵省
  - 兵部省
  - 刑部省
  - 弾正台 69.5～
  - 宮内省
  - 外務省
  - 開拓使
  - 大学校
  - 府・藩・県

公議所→集議院
69.3～　69.7～

⑥太政官制Ⅲ 1871.7～85.12

太政官

- 正院
  太政大臣・左大臣・右大臣・参議
- 左院 ～75.4
  議長・議員
- 右院 ～75.4
  諸省長官・次官
- 神祇省 71.8～→教部省 72.3～77.1
- 大蔵省
- 兵部省→陸軍省・海軍省 72.2～
- 外務省
- 内務省 73.11～
- 文部省
- 農商務省 81.4～
- 工部省 70.閏10～
- 司法省
- 宮内省
- 開拓使 ～82.2
- 府（知事）・県（県令）

元老院 75.4～
大審院 75.4～
地方官会議
参謀本部 78.12～

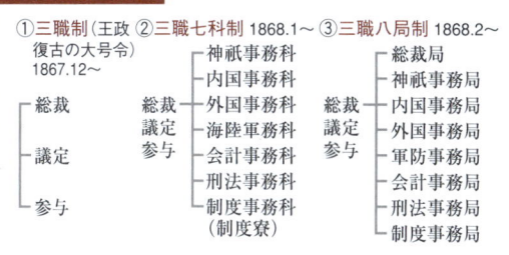

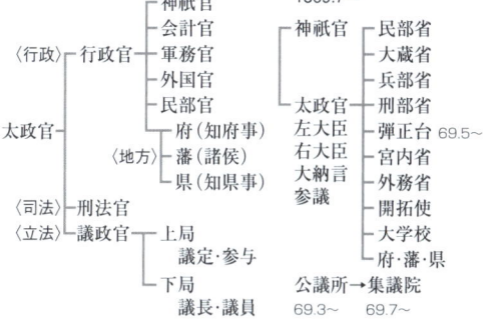

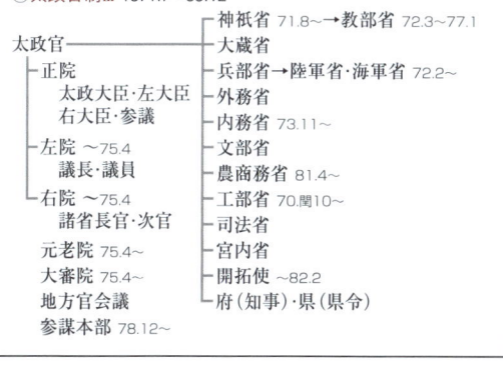

内閣制度の変遷

①内閣制度創設時 1885.12～89.12

内閣
- 外務省
- 内務省
- 大蔵省
- 陸軍省
- 海軍省
- 司法省
- 文部省
- 農商務省
- 逓信省
- 法制局

②大日本帝国憲法下 1889.12～1947.5 内閣官制（1889.12～1947.5）

内閣
- 外務省
- 内務省—厚生省1938.1分省
- 大蔵省
- 陸軍省—第一復員省1945.12 → 復員庁46.6
- 海軍省—第二復員省1945.12 → 復員庁46.6
- 司法省
- 文部省
- 農商務省
  - 農林省1925.4—農商省43.11—農林省45.8
  - 商工省1925.4—軍需省43.11—商工省45.8
- 逓信省—運輸通信省1943.8
  - 運輸省45.5
  - 逓信院45.5—逓信省46.7
- 拓殖務省1896.4~97.9
- 法制局
- 鉄道院1908.12—鉄道省1920.5~43.11
- 拓殖局(1910~13,17~)—拓殖務事務局(22.11)—内閣拓殖局(24.12)—拓務省(29.6) → 大東亜省42.11~45.8
- 対満事務局1934.12 → 大東亜省42.11~45.8
- 興亜院1938.12 → 大東亜省42.11~45.8
- 資源局1927.5 → 企画院1937.10~43.11
- 企画庁1937.5 → 企画院1937.10~43.11
- 内閣審議会1935.5~36.5
- 情報委員会1936.7—内閣情報部37.5—情報局40.12~45.12
- 戦災復興院1945.11
- 経済安定本部1946.8
- 物価庁1946.8

③日本国憲法下 1947.5～2001.1 内閣法(1947.1～)

内閣
- 外務省
- 内務省～1947.12
- 大蔵省
- 司法省・法制局 — 法務庁 1948.2 — 法務府 49.6
  - 法務省 52.8
  - 法制局 52.8 — 内閣法制局 62.7
- 文部省
- 農林省 — 農林水産省 1978.7改称
- 商工省 — 通商産業省 1949.5
- 運輸省
- 逓信省
  - 郵政省 1949.6
  - 電気通信省 1949.6～52.8
- 厚生省 — 労働省 1947.9分省
- 総理庁 1947.5 — 総理府 49.6
- 戦災復興院～1947.12 — 建設院 48.1 — 建設省 48.7
- 地方自治庁 1949.6 — 自治庁 52.8 — 自治省 60.7
- 復員庁～1947.10
- 経済安定本部・物価庁～1949.6 — 経済審議庁 1952.8 — 経済企画庁 55.7
- 賠償庁 1948.2～52.4
- 国家公安委員会 1948.3
- 行政管理庁 1948.7 — 総務庁 84.7
- 北海道開発庁 1950.6
- 警察予備隊本部 1950.8 — 保安庁 52.8 — 防衛庁 54.7
- 科学技術庁 1956.5
- 環境庁 1971.7
- 沖縄開発庁 1972.5
- 国土庁 1974.6
- 金融再生委員会 1998.12

④現在の内閣制度 2001.1再編。2009年3月現在

- 内閣
  - 内閣官房
  - 内閣法制局
  - 安全保障会議
  - 人事院
  - 内閣府
    - 国家公安委員会－警察庁
    - 公正取引委員会
    - 金融庁
    - 宮内庁
    - 経済財政諮問会議・総合科学技術会議・中央防災会議など
  - 総務省
    - 公害等調整委員会
    - 消防庁
  - 法務省
    - 公安審査委員会
    - 公安調査庁
  - 外務省
  - 財務省
    - 国税庁
  - 文部科学省
    - 文化庁
  - 厚生労働省
    - 社会保険庁
    - 中央労働委員会
  - 農林水産省
    - 林野庁
    - 水産庁
  - 経済産業省
    - 資源エネルギー庁
    - 特許庁
    - 中小企業庁
  - 国土交通省
    - 観光庁
    - 気象庁
    - 海上保安庁
    - 運輸安全委員会
  - 環境省
  - 防衛省

［省庁の内部部局の例］

- 国土交通省
  - 大臣官房
  - 総合政策局／国土計画局／土地・水資源局
  - 都市・地域整備局／河川局／道路局
  - 住宅局／鉄道局／自動車交通局／海事局
  - 港湾局／航空局／北海道局／政策統括官

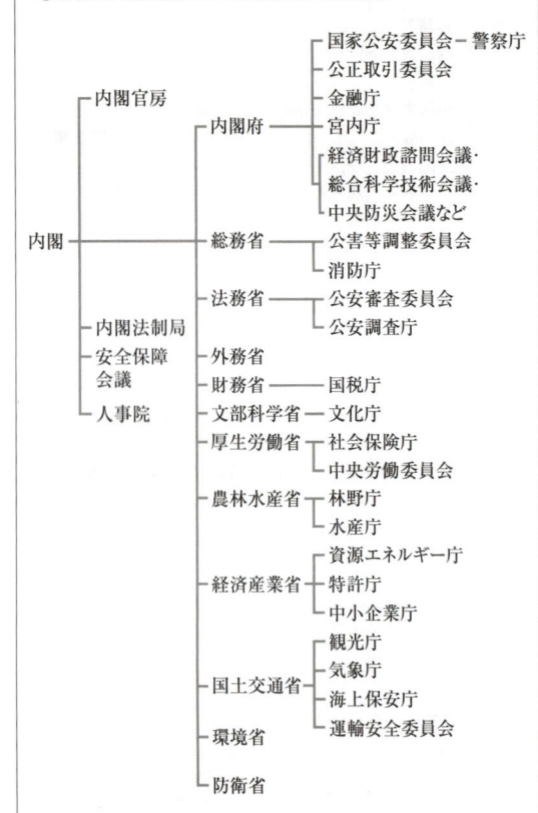

度量衡換算表

長さ（度）	m	cm	尺	間	町	里
	1	100	3.3	0.55	0.0091	—
	0.01	1	0.033	0.055	—	—
	0.303	30.3	1	0.1666	0.0027	—
	1.8181	181.81	6	1	0.0166	0.0004
	109.09	10909	360	60	1	0.0277
	3927.3	392730	12960	2160	36	1
容積（量）	m^3	ℓ	合	升	斗	石
	1	1000	5543.5	554.35	55.435	5.5435
	0.001	1	5.5435	0.5543	0.0554	0.0055
	0.0001	0.1803	1	0.1	0.01	0.001
	0.0018	1.8039	10	1	0.1	0.01
	0.018	18.039	100	10	1	0.1
	0.1803	180.39	1000	100	10	1
面積	m^2	a	ha	歩（坪）	畝	町
	1	0.01	0.0001	0.3025	0.01	0.0001
	100	1	0.01	30.25	1.0083	0.01
	10000	100	1	3025	100.83	1.008
	3.3058	0.033	0.0003	1	0.0333	0.0003
	99.174	0.9917	0.0099	30	1	0.01
	9917.4	99.174	0.9917	3000	100	1
重さ（衡）	g	kg	匁	貫	斤	ポンド
	1	0.001	0.2666	0.00026	0.0017	0.0022
	1000	1	266.66	0.2666	1.6667	2.2046
	3.75	0.0037	1	0.001	0.0063	0.0082
	3750	3.75	1000	1	6.25	8.2673
	600	0.6	160	0.16	1	1.3228
	453.6	0.4536	120.96	0.1209	0.756	1

尺貫法の基本単位

長さ（度）	1丈＝10尺＝100寸＝1,000分＝10,000厘 曲尺1尺＝鯨尺8寸＝30.3cm
道程	1里＝36町　1町＝60間＝109.09m 1間＝曲尺6尺＝181.81cm
容積（量）	1石＝10斗＝100升＝1,000合＝10,000勺＝100,000撮＝180.39ℓ
面積	1町＝10反＝100畝＝3,000歩 1歩＝1坪（6尺平方）＝3.3058m^2
重さ（衡）	1貫＝1,000匁＝10,000分＝3.75kg 1斤＝160匁＝600g

金銀貨一覧表

金貨名	初鋳	重量(g)
天正大判	1588	165.4
慶長大判	1601	165.4
元禄大判	1695	165.4
享保大判	1725	165.4
天保大判	1838	165.4
万延大判	1860	112.5
天保五両判	1837	33.8
慶長小判	1601	17.9
元禄小判	1695	17.9
宝永小判	1710	9.4
正徳小判	1714	17.9
享保小判	1715	17.9
元文小判	1736	13.1
文政小判	1819	13.1
天保小判	1837	11.3
安政小判	1859	9.0
万延小判	1860	3.3
文政真文二分金	1818	6.6
文政草文二分金	1828	6.6
安政二分金	1856	5.6
万延二分金	1860	3.0
貨幣司二分金	1868	3.0
貨幣司劣位二分金	1868	3.0
慶長一分金	1601	4.5
元禄一分金	1695	4.5
宝永一分金	1710	2.3
正徳一分金	1714	4.5
享保一分金	1715	4.5
元文一分金	1736	3.3
文政一分金	1819	3.3
天保一分金	1837	2.8
安政一分金	1859	2.3
万延一分金	1860	0.8
元禄二朱金	1697	2.2
天保二朱金	1832	1.6
万延二朱金	1860	0.8
文政一朱金	1824	1.4

銀貨名	初鋳	重量(g)
慶長丁銀	1601	秤量貨幣(112～187gぐらい)
元禄丁銀	1695	
宝永二つ宝丁銀	1706	
宝永永字丁銀	1710	
宝永三つ宝丁銀	1710	
宝永四つ宝丁銀	1711	
正徳丁銀	1714	
元文丁銀	1736	
文政丁銀	1820	
天保丁銀	1837	
安政丁銀	1859	
慶長豆板銀	1601	秤量貨幣(19g前後が多い)
元禄豆板銀	1695	
宝永二つ宝豆板銀	1706	
宝永永字豆板銀	1710	
宝永三つ宝豆板銀	1710	
宝永四つ宝豆板銀	1711	
正徳豆板銀	1714	
元文豆板銀	1736	
文政豆板銀	1820	
天保豆板銀	1837	
安政豆板銀	1859	
明和五匁銀	1765	18.8
天保一分銀	1837	8.6
安政一分銀	1859	8.6
貨幣司一分銀	1868	8.6
明和南鐐二朱銀	1772	10.1
文政南鐐二朱銀	1824	7.5
安政二朱銀	1859	13.5
文政一朱銀	1829	2.6
嘉永一朱銀	1854	1.9
貨幣司一朱銀	1868	1.9
改三分定印銀(メキシコ銀)	1859	27.0

◎日本銀行金融研究所発行「日本貨幣参考資料」による。

◎天正大判は豊臣秀吉の時代，貨幣司二分金・一分銀・一朱銀は明治維新後の貨幣。

◎大判は金貨ではあるが，小判以下の流通用の金貨とは別系統の恩賞用のもので，1枚，2枚と数える。

12～15世紀の渡唐銭

国	貨　幣
唐	開元通宝・乾元重宝
北宋	宋通元宝・祥符元宝・皇宋通宝・治平元宝・熙寧元宝・元豊通宝・元祐通宝・聖宋元宝・政和通宝・宣和通宝
南宋	淳熙元宝・嘉定通宝・淳祐元宝・皇宋元宝・咸淳元宝
元	至大通宝・至正通宝
明	洪武通宝・永楽通宝・宣徳通宝

このほか・朝鮮・安南・琉球の銭貨も出土している。

明治初期の政府紙幣

区　分	券　種	表面模様	通用期間
太政官札	十両札・五両札 一両札・一分札・ 一朱札	菊・桐・竜・唐草	1868～75 1868～78
民部省札	二分札・一分札・ 二朱札・一朱札	菊・桐・竜・唐草	1869～78
大蔵省 兌換証券	十円券・五円券・ 一円券	菊・桐・竜	1871～75
開拓使 兌換証券	十円券・五円券・ 一円券 五十銭券・二十銭券・ 十銭券	菊・桐・竜	1872～75 1872～73
新紙幣	百円券・五十円券・ 十円券・五円券・ 二円券・一円券・ 半円券・二十銭券 十銭券	鳳凰・竜・菊・桐・桜	1872～99 1872～87
改造紙幣	十円券 五円券 一円券	神功皇后・菊	1883～99 1882～99 1881～99
	五十銭券・二十銭券	菊	1883～99

国立銀行紙幣

区分	券　種	表面模様	通用期間
旧券	二十円券 十円券 五円券 二円券 一円券	素戔嗚尊・八岐大蛇 奏　楽 田植え・稲刈り 新田義貞・児島高徳 田道将軍・兵船	1873～99 1873～99 1873～99 1873～99 1873～99
新券	五円券 一円券	鍛冶屋 水　兵	1878～99 1877～99

日本銀行兌換銀券

券　種	表面模様	通　用　期　間
(旧)　百円券	大黒天	1885〜1939
(改造) 百円券	藤原鎌足	1891〜1939
(旧)　十円券	大黒天	1885〜1939
(改造) 十円券	和気清麻呂	1890〜1939
(旧)　五円券	彩　文	1886〜1939
(改造) 五円券	菅原道真	1888〜1939
(旧)　一円券	大黒天	1885(現在も有効)
(改造) 一円券	武内宿禰	1889(現在も有効)
(改造) 一円券	武内宿禰	1916(現在も有効)

日銀券に登場する人物

人　名	券　種	発　行　年
日本武尊	千円券	1945
武内宿禰	二百円券	1945
〃	五円券	1899·1907·1916
〃	一円券	1943〜45(現在も有効)
藤原鎌足	二百円券	1945
〃	百円券	1900·1917
〃	二十円券	1931
聖徳太子	百円券	1930·1944·1945
菅原道真	二十円券	1917
〃	五円券	1910·1930·1942〜44
和気清麻呂	十円券	1899·1910·1915·1930·1943〜45
楠木正成	五銭券	1944(銅像として示す)

1900〜42年までは日本銀行兌換券，1943〜45年は日本銀行券。

新円切り替え後の日銀券

区分/券　種	表面模様	発行年	区分/券　種	表面模様	発行年
C　一万円券	聖徳太子	1958	B　五百円券	岩倉具視	1951
D　一万円券	福沢諭吉	1984	C　五百円券	岩倉具視	1969
E　一万円券	福沢諭吉	2004	A　百円券	聖徳太子	1946
C　五千円券	聖徳太子	1957	B　百円券	板垣退助	1953
D　五千円券	新渡戸稲造	1984	B　五十円券	高橋是清	1951
E　五千円券	樋口一葉	2004	A　十円券	国会議事堂	1946
D　二千円券	守礼の門	2000	A　五円券	彩　文	1946
B　千円券	聖徳太子	1950	A　一円券	二宮尊徳	1946
C　千円券	伊藤博文	1963	A　十銭券	鳩	1947*
D　千円券	夏目漱石	1984	A　五銭券	梅花	1948*
E　千円券	野口英世	2004			

区分のA〜Eは発行時期。C〜E券は現行紙幣。
*は1953年通用停止。

◉銅鐸《どうたく》に鋳出された絵（兵庫県桜ヶ丘遺跡）

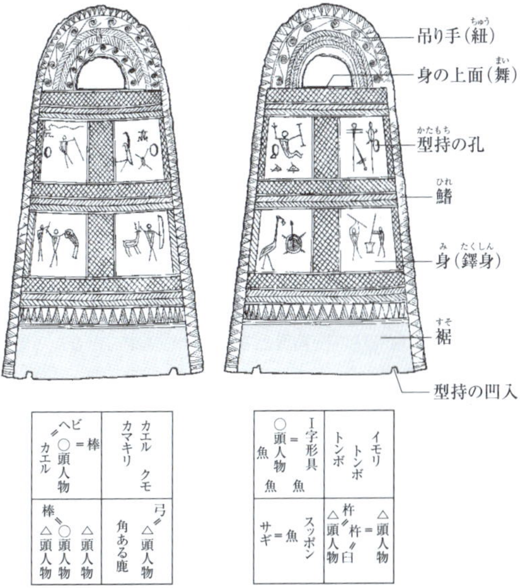

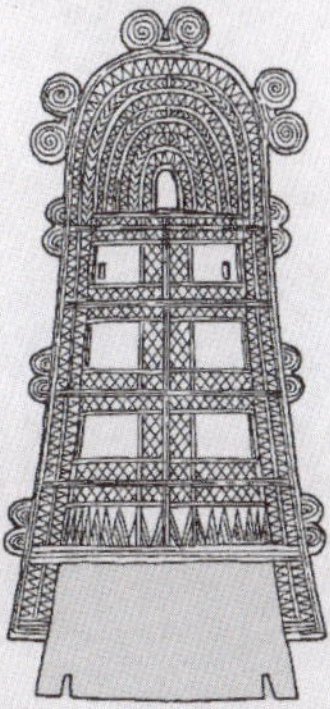

◉袈裟襷文《けさだすきもん》銅鐸

◉流水文《りゅうすいもん》銅鐸

鏡

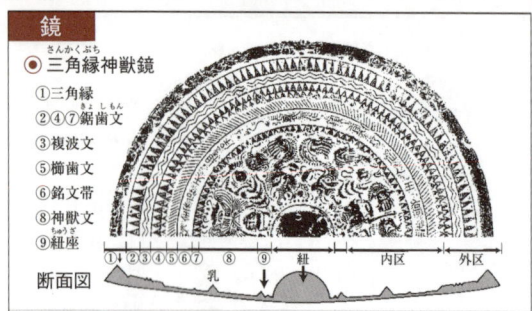

◉三角縁神獣鏡《さんかくぶち》

①三角縁
②④⑦鋸歯文《きょしもん》
③複波文
⑤櫛歯文
⑥銘文帯
⑧神獣文
⑨鈕座《ちゅうざ》

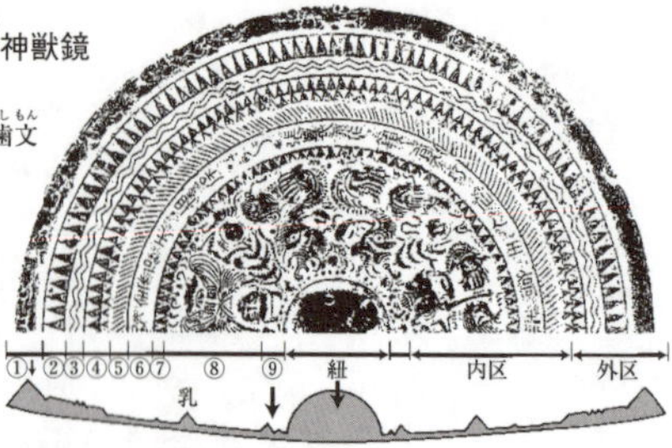

断面図

　古墳時代まで日本の鏡のほとんどは中国製の舶載鏡で，それをまねて国産の仿製鏡《ぼうせい》もつくられた。代表的な形式の鏡を示したが，三角縁神獣鏡は，周縁部の三角形と内区の神像・獣像からきた名称であり，邪馬台国《やまたいこく》問題でクローズアップされた。

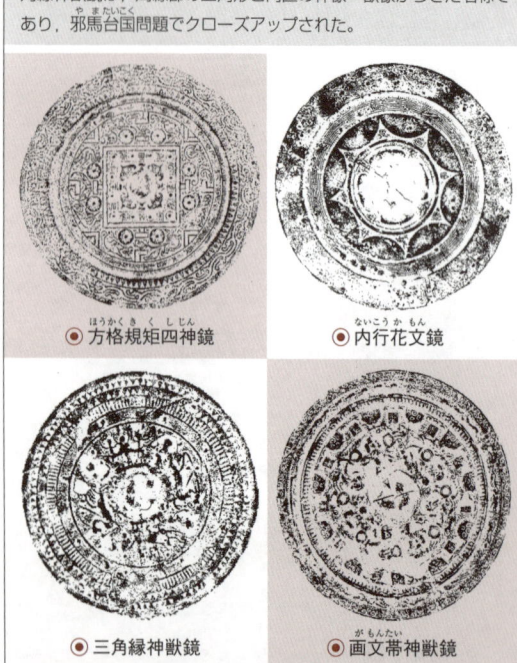

◉方格規矩四神鏡《ほうかくきくしじん》

◉内行花文鏡《ないこうかもん》

◉三角縁神獣鏡

◉画文帯《がもんたい》神獣鏡

◉古墳の形態

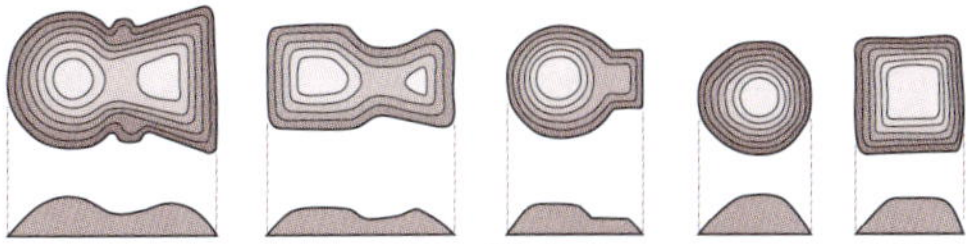

前方後円墳　前方後方墳　帆《ほ》立貝《たてがい》式古墳　円墳　方墳《ほうふん》

◉前方後円墳の名称

(大仙陵古墳)

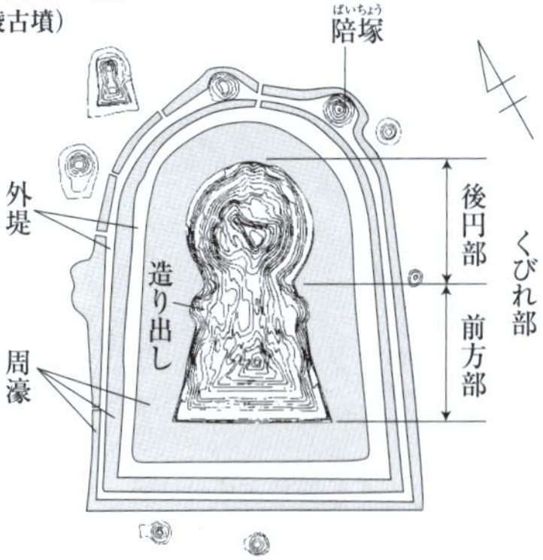

◉巨大な前方後円墳

古墳名	所在	墳長
大仙陵古墳(伝仁徳天皇陵)	大阪府(百舌鳥古墳群)	486m
誉田御廟山古墳(伝応神天皇陵)	大阪府(古市古墳群)	425
石津丘古墳(伝履中天皇陵)	大阪府(百舌鳥古墳群)	360
造山古墳	岡山県(造山古墳群)	350
河内大塚古墳	大阪府(古市古墳群)	335
見瀬丸山古墳	奈良県	約310
渋谷向山古墳(伝景行天皇陵)	奈良県(柳本古墳群)	300
ニサンザイ古墳	大阪府(百舌鳥古墳群)	290
仲津山古墳(伝仲津姫皇后陵)	大阪府(古市古墳群)	290
作山古墳	岡山県	286
箸墓古墳	奈良県	約280
五社神古墳(伝神功皇后陵)	奈良県(佐紀古墳群)	275
ウワナベ古墳	奈良県(佐紀古墳群)	約270

石室・石棺・壁画

◉竪穴式石室

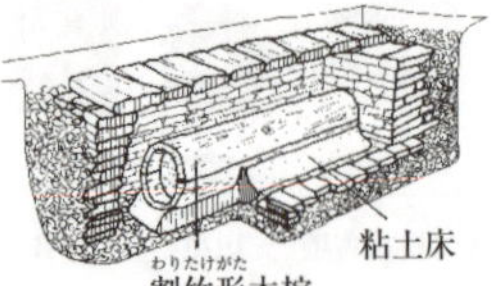

◉横穴式石室

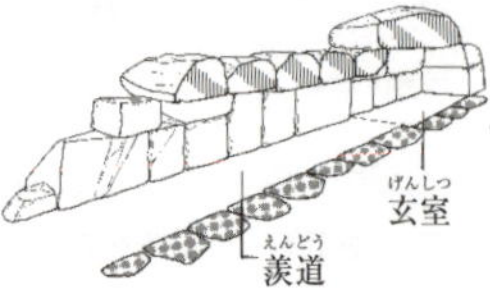

◉石棺の種類

割竹形石棺

舟形石棺

長持形石棺

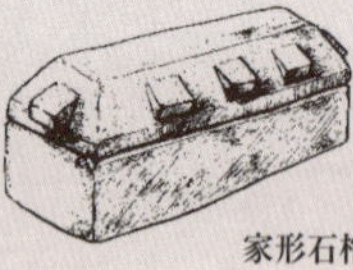

家形石棺

◉装飾古墳の壁画

福岡県竹原古墳

福岡県珍敷塚古墳

前・中期古墳の石室は墳丘上部から掘る竪穴《たてあな》式，後期古墳には墳丘側面から入る横穴式が一般化する。石室内の棺は中小古墳では箱形の木棺・石棺がふつうだが，大形古墳では図のような石棺が用いられた。

玄室の壁に文様や絵を施した装飾古墳は九州北部に多い。竹原古墳の壁にはさしば・馬・人・竜・舟などが，珍敷塚《めずらしづか》古墳では3個の靫《ゆき》・蕨手《わらびて》文《もん》・天鳥船などが描かれている。

武 具

◉ 衝角《しょうかく》付冑と眉庇《まびさし》付冑

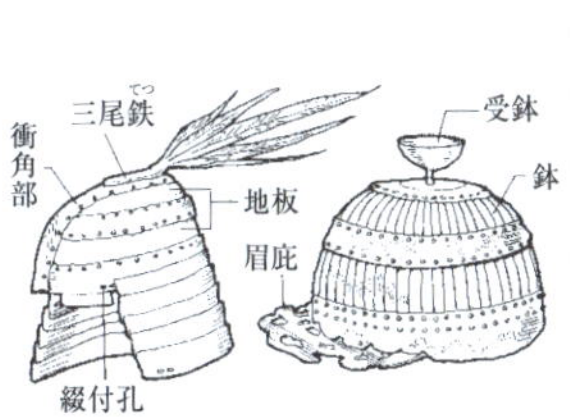

◉ 甲

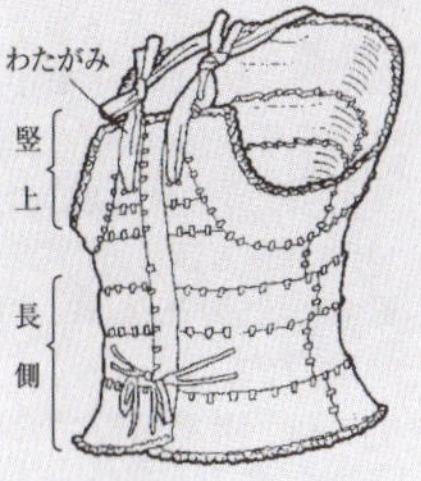

◉ 環頭大刀《かんとうのたち》(上)と頭椎《かぶつち》大刀

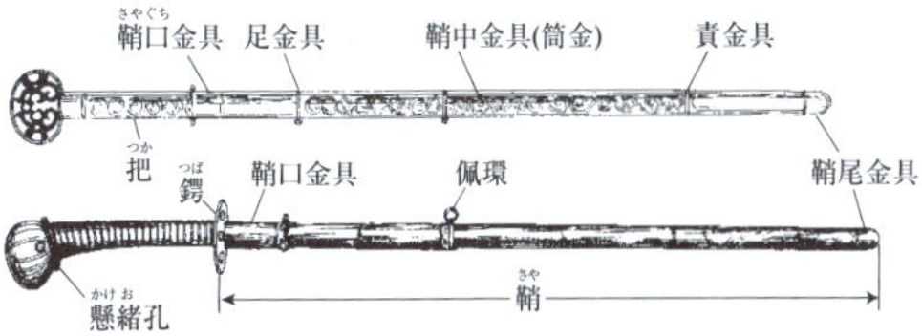

馬 具

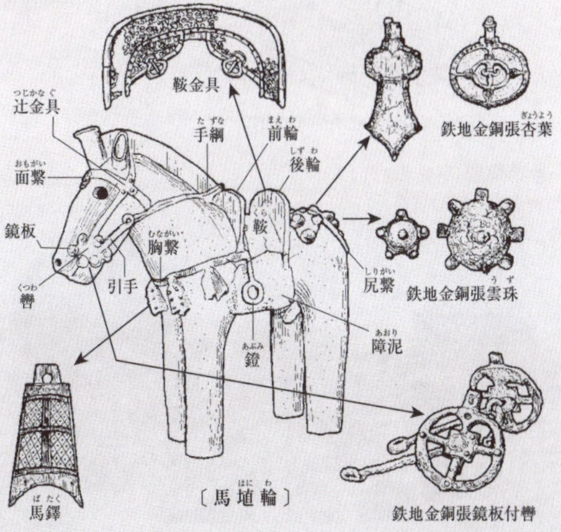

かまどと窯

こしき（甑）は食物を蒸す道具。弥生時代からかめ（甕）形土器の底に1孔をうがつものがふつうに用いられた。かまど（竈）は煮炊きの設備で，古墳時代以降，住居内につくられた。

かまどに水を入れたかめ形土器をかけ，その上にこしきを重ね，図のようにして使用した。

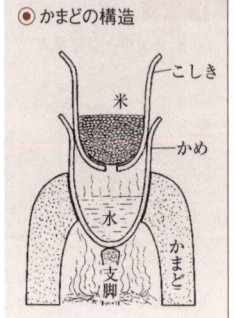

◉ かまどの構造

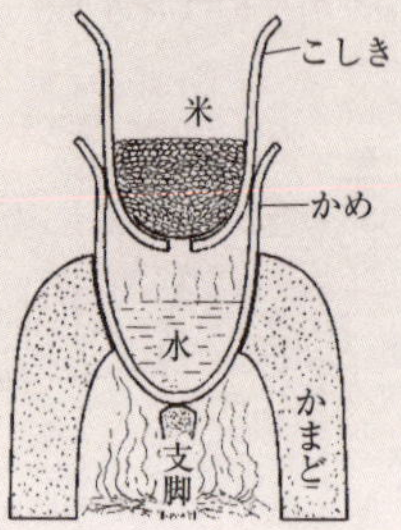

◉ 須恵器窯の模式図

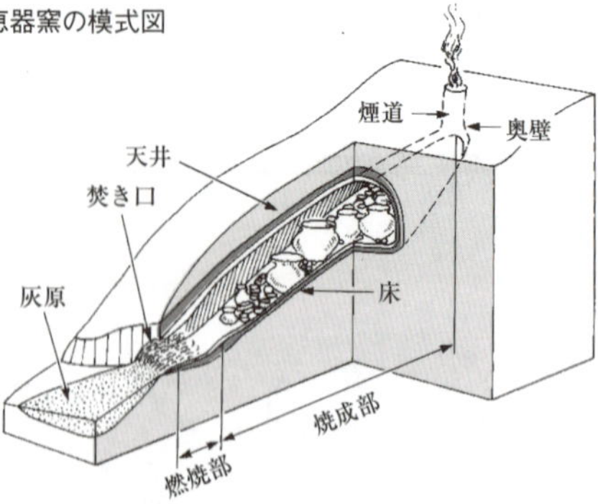

◉ 須恵器（平城京跡出土）

◉鳥居の名称

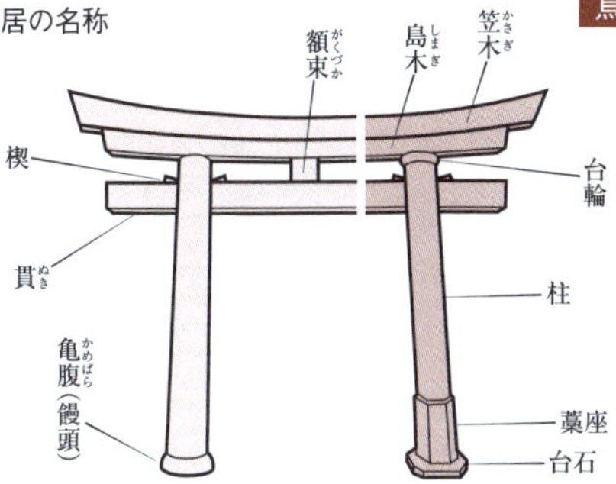

◉鳥居の種類

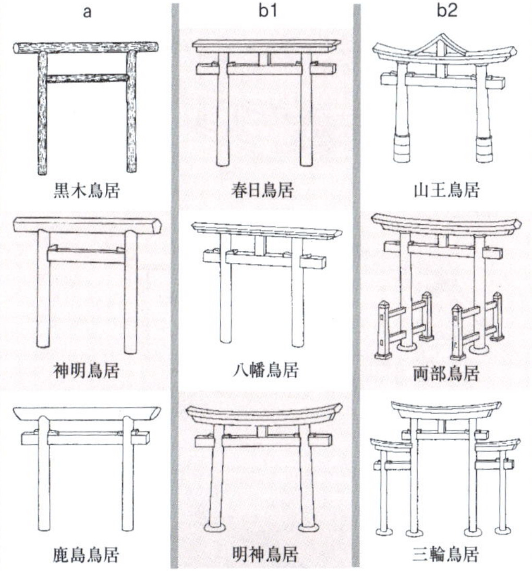

神域の入口を示す鳥居の原型は皮付き自然木の黒木鳥居で，これから多くの形式が発達した。島木の有無でa・b両系に分けて代表的形式を示したが，もっとも一般的なのはb1の春日《かすが》・八幡《はちまん》・明神《みょうじん》鳥居の3形式である。b2は変形鳥居と考えてよい。

神社建築

◉大社《たいしゃ》造り

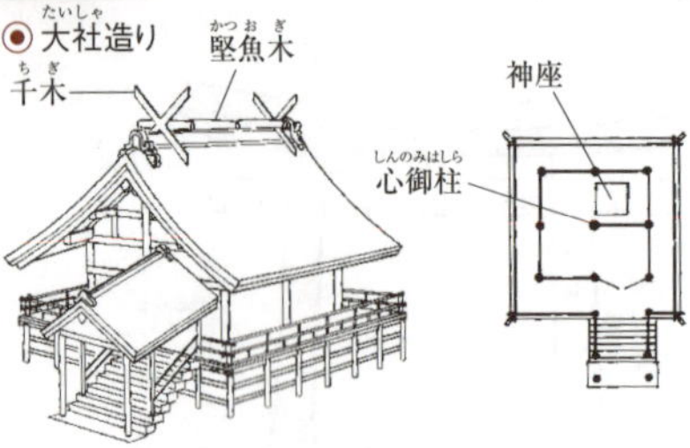

◉大鳥《おおとり》造り

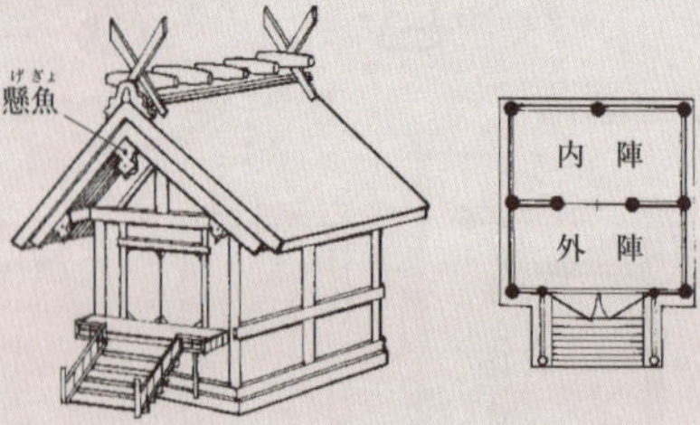

◉住吉《すみよし》造り

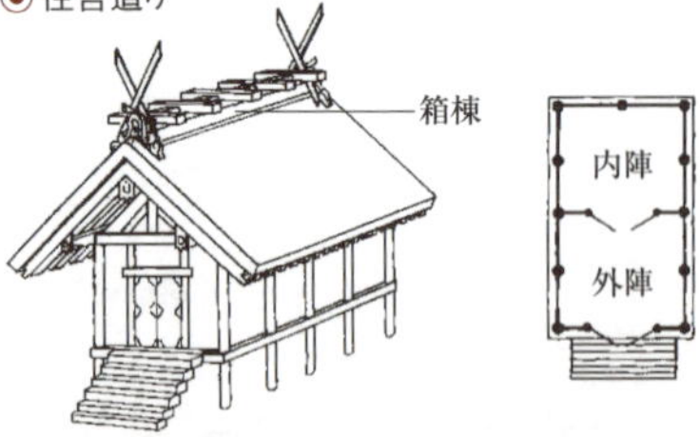

◉春日《かすが》造り

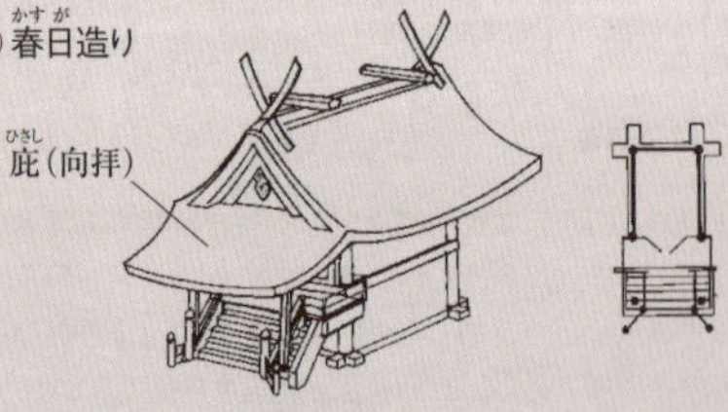

◉ 神明《しんめい》造り

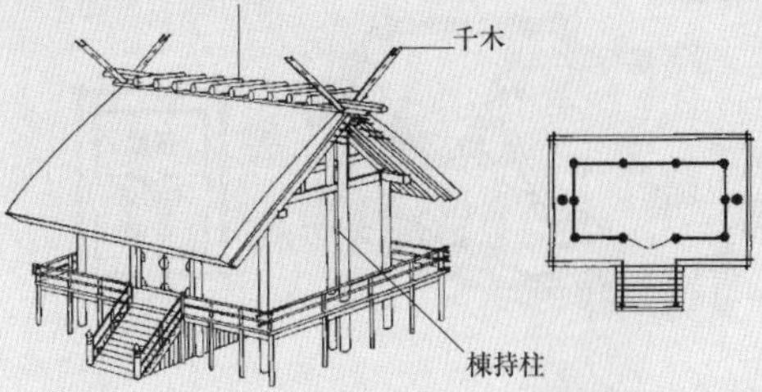

◉ 流《ながれ》造り

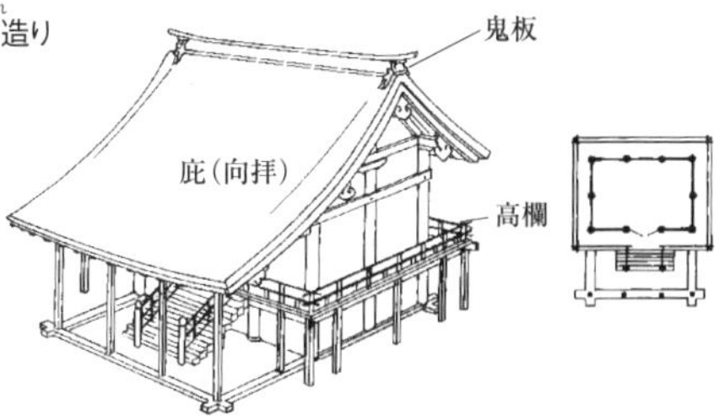

◉ 切妻造りの平入り・妻入り

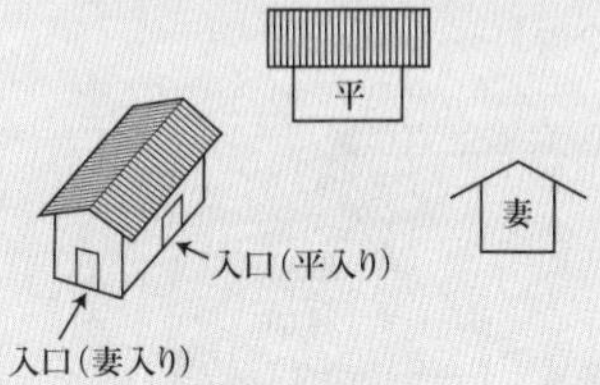

P.92は妻入り形式。大社造りから大鳥・住吉・春日造りへと発展した。P.93は平入り形式。神明造りから流造りへと発展した。P.94・95は仏寺の影響などもうけてさらに変化したもの。権現造りの東照宮は有名だが，日吉《ひえ》造りは日吉《ひよし》《(ひえ)》大社だけ，吉備津造りは吉備津神社だけである。以上の諸形式のうち，全国的にみてもっとも多いのは流造りで，第2位は春日造りである。

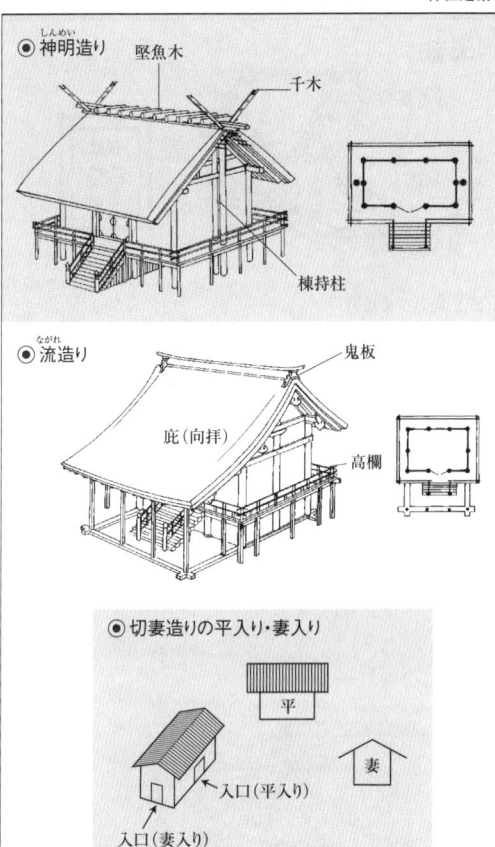

◉ 八幡《はちまん》造り

◉ 日吉《ひえ》造り（聖帝《しょうてい》造り）

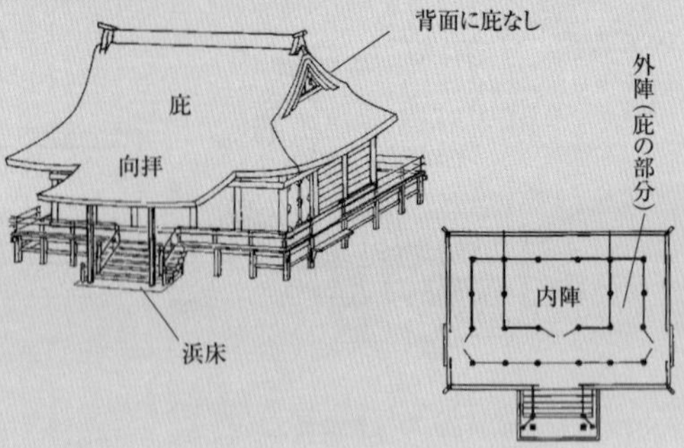

◉ 祇園《ぎおん》造り

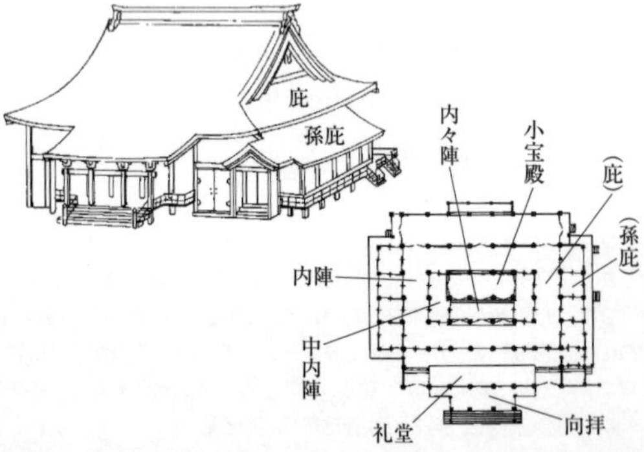

◉ 入母屋《いりもや》造り

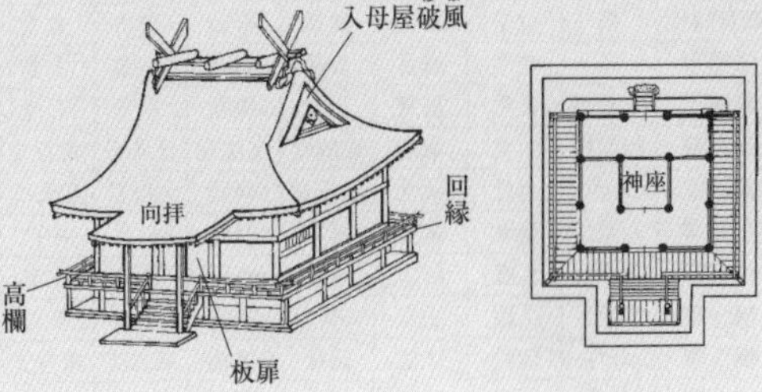

◉ 吉備津《きびつ》造り（比翼入母屋造り）

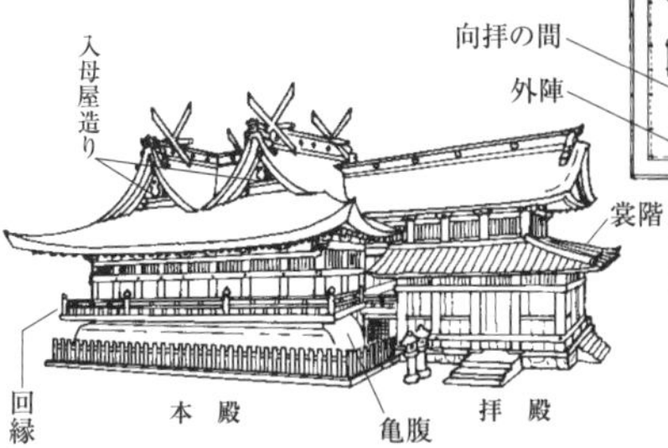

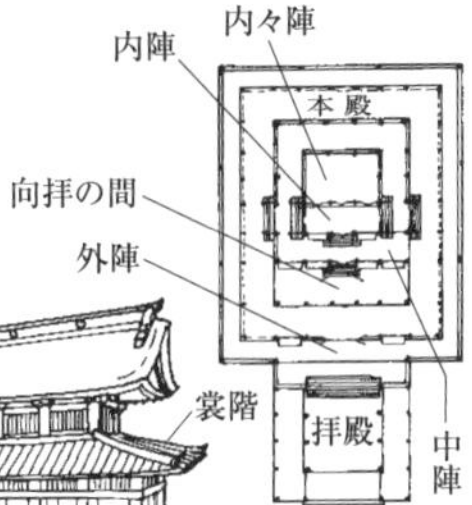

◉ 権現《ごんげん》造り（八棟《やつむね》造り）

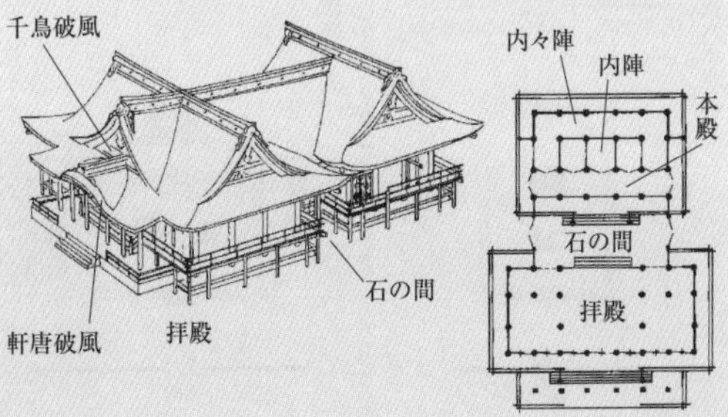

伽藍配置

◉ 七堂伽藍の構成

奈良時代	塔	金堂	講堂	鐘楼	経蔵	僧坊	食堂
法相宗	塔	金堂	講堂	鐘楼	経蔵	左堂	右堂
華厳宗	五重塔	金堂	講堂	中堂	後堂	左堂	右堂
天台宗	相輪樘	中堂	講堂	戒壇堂	文殊堂	法華堂	常行堂
真言宗	大塔	金堂	講堂	灌頂堂	経蔵	大師堂	五重塔
真言宗	五重塔	金堂	講堂	鐘楼	経蔵	大門	中門
禅　宗	山門	仏殿	法堂	東司	西浄	僧堂	庫裏
禅　宗	山門	仏殿	法堂	厠	寝堂	禅堂	食堂
禅　宗	山門	仏殿	法堂	鐘楼	鼓楼	東方丈	西方丈
禅　宗	山門	仏殿	法堂	東司	浴室	僧堂	庫院

◉ 伽藍配置の変遷

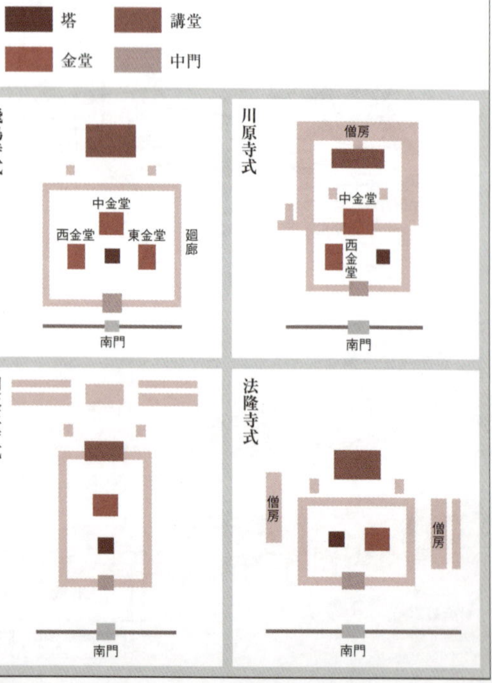

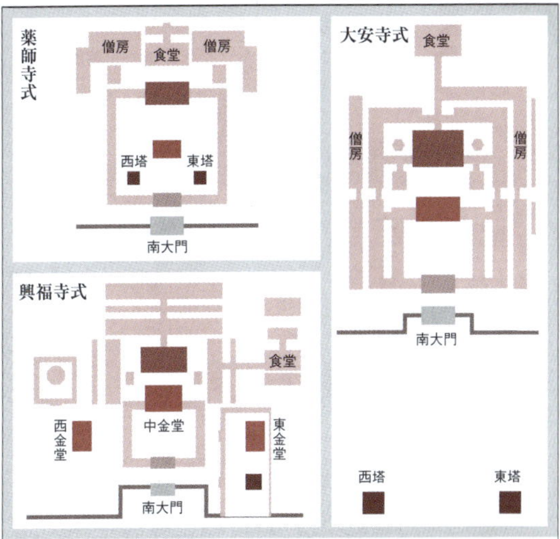

◉ 永平寺の伽藍配置

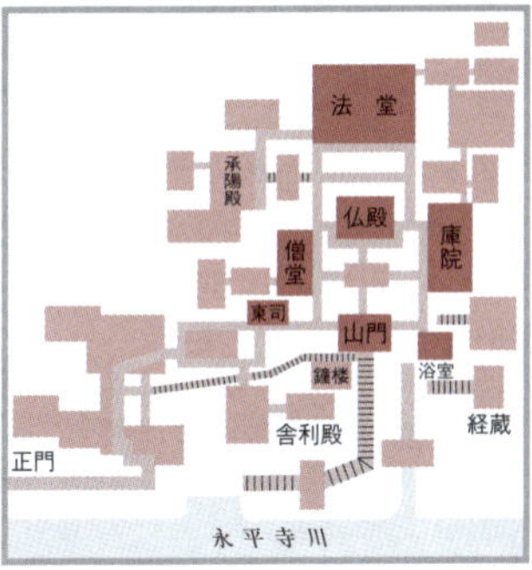

寺院の主要な建物を七堂伽藍《しちどうがらん》というが，宗派によってその数と名称・内容は異なっている。

古代伽藍の中心は塔であった。やがて本尊仏を祀る金堂《こんどう》(本堂)が重んじられ，塔はしだいに装飾的になり，外部へ押し出されていく。平安時代以後，山地に伽藍が建てられていくと，ここに示した伽藍配置は大きくくずれた。中世以降，禅宗が発展すると，僧侶の生活を中心にすえた七堂伽藍が建てられた。

寺院建築

◉ 和様建築

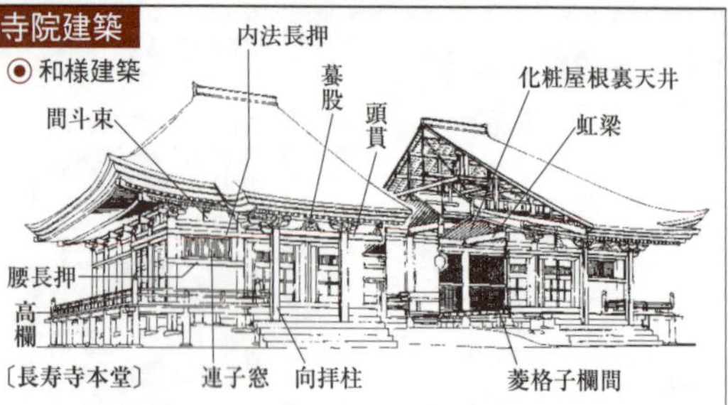

〔長寿寺本堂〕

◉ 禅宗様建築

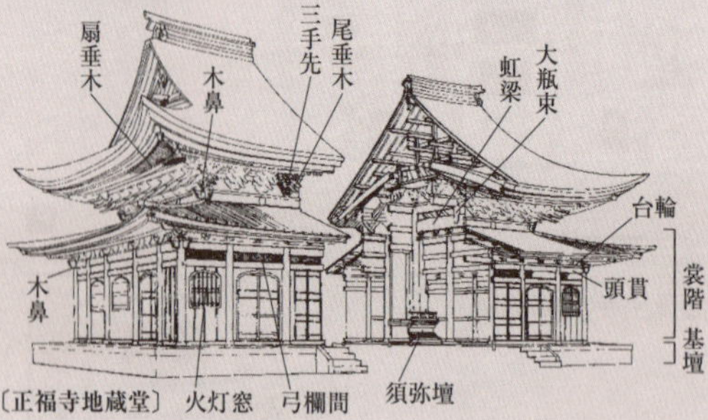

〔正福寺地蔵堂〕

鎌倉時代に大仏様・禅宗様が伝わったのを機に，従来の建築様式を和様とよぶようになり，室町時代には折衷様もうまれた。これら4様式の主な例を図でみておこう。

［**和様**］長寿寺本堂でみると，柱は円柱で長押《なげし》・頭貫《かしらぬき》でつなぎ，外陣では虹梁《こうりょう》を用いる。横木に蟇股《かえるまた》をのせ，外部には連子窓《れんじまど》・格子戸《こうしど》を用い，内部は板敷，外陣天井は化粧屋根裏である。

［**禅宗様**］正福寺地蔵堂でみると，裳階《もこし》のついた屋根の反りは急で，垂木《たるき》は扇垂木(裳階は平行垂木)である。礎盤上の柱は貫《ぬき》で連結し，鏡天井や外観の火灯窓《かとうまど》・桟唐戸《さんからと》などがめだつ。

［**大仏様**］天竺《てんじく》様ともいう。雄大・豪放の趣が強いが，遺例は東大寺南大門・浄土寺浄土堂などで少ない。天井を張らず，柱は太く，垂木は隅扇。南大門の挿肘木《さしひじき》，六手先《むてさき》手法は印象的。

［**折衷様**］観心寺金堂のように，全体として和様の建物に大仏様・禅宗様の技法をとりいれている。なお，和様に大仏様の手法をとりいれた様式を新和様とよんでいる。

◉ 大仏様建築

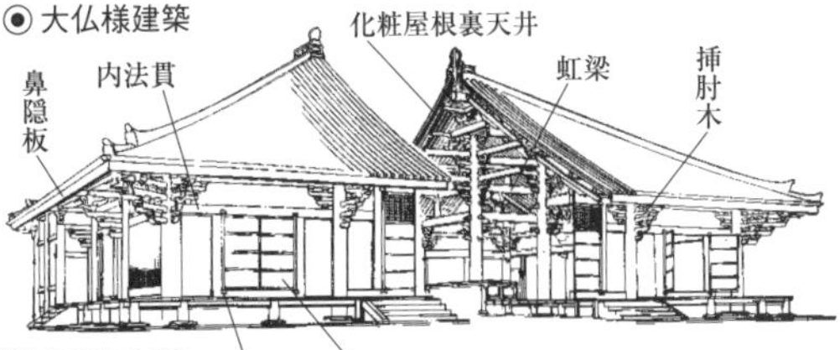

〔浄土寺浄土堂〕

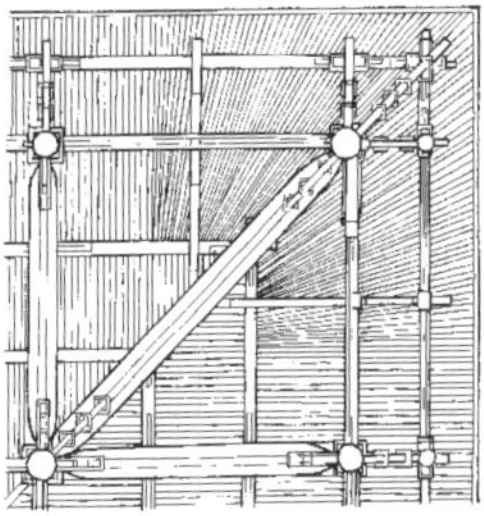

隅　扇

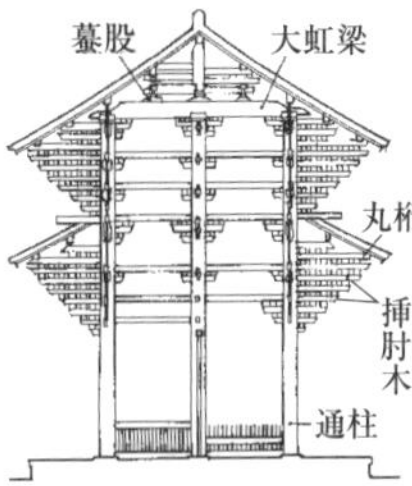

〔東大寺南大門〕

◉ 折衷様建築

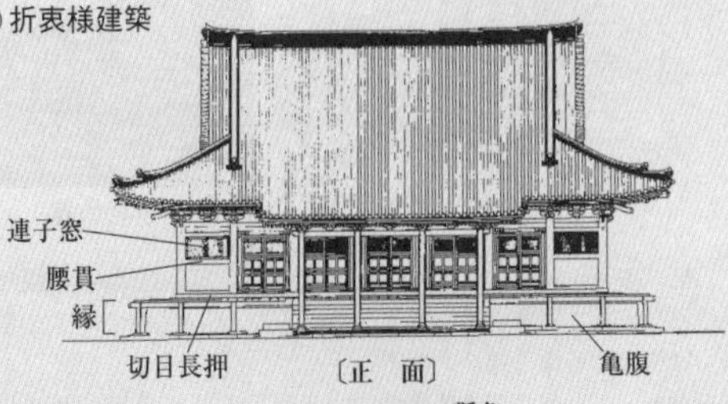

〔正　面〕

〔観心寺金堂〕

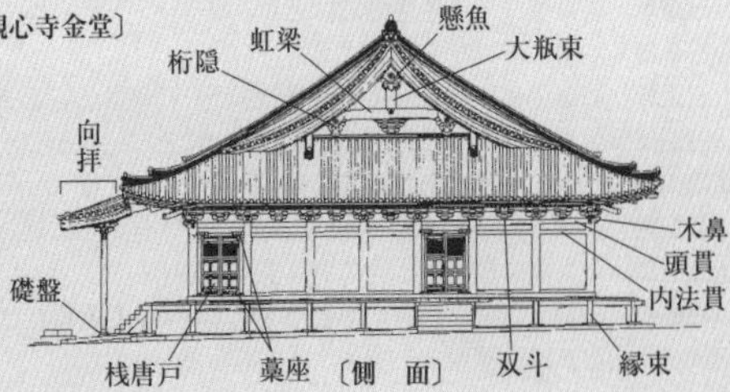

〔側　面〕

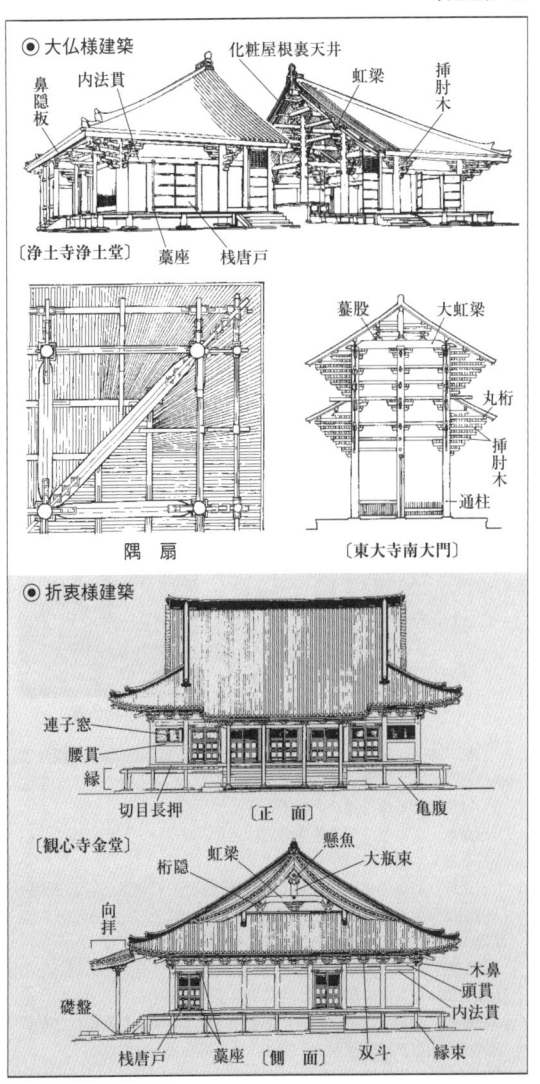

塔

◉ 法隆寺五重塔断面図

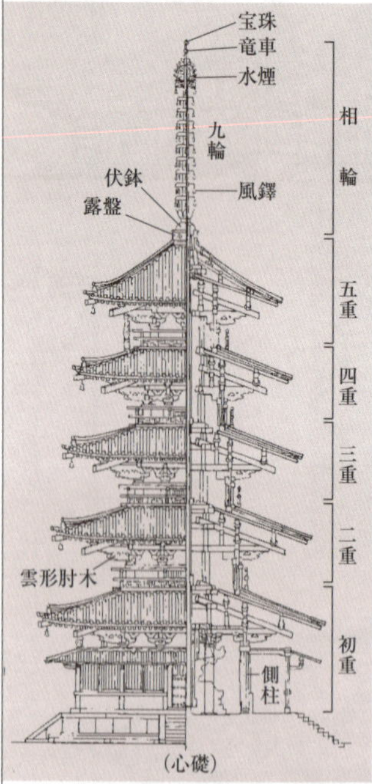

◉ 安楽寺八角三重塔

◉ 輪王寺相輪樘

仏塔は本来，釈尊の骨を祀った施設で，のちには仏像を安置するようになった。日本の塔は木造と石造(P.116)とが主体で，木塔の多くは三重・五重の層塔である。

［**五重塔**］ 現存最古の法隆寺の塔は三間五重で，地下の心礎《しんそ》の上に心柱を建て，最上部に相輪《そうりん》をあげる。

［**三重塔**］ 層塔の代表格。一乗寺の塔のように初層は仏殿で四天柱の内側に須弥壇《しゅみだん》をおき，心柱は二層目から上に立つのがふつう。安楽寺の塔は初層に裳階があるので四層にみえる。

［**多宝塔**］ 下層は方形，上層軸部は円筒形，上下連絡部に饅頭《まんじゅう》形の亀腹《かめばら》をつけた二重の塔。石山寺の塔は現存最古のもの。

［**相輪樘**《そうりんとう》］ 相輪の伏鉢は釈尊の墓を意味するので，相輪部だけを仏塔同様とみなした金属製シンボル。全国で５基しかない。

◉ 石山寺多宝塔

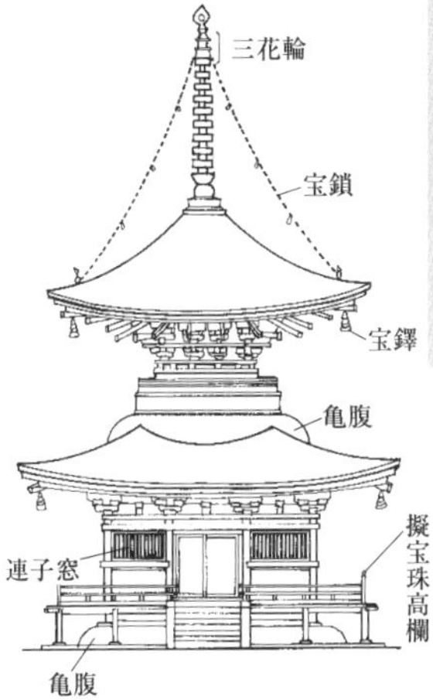

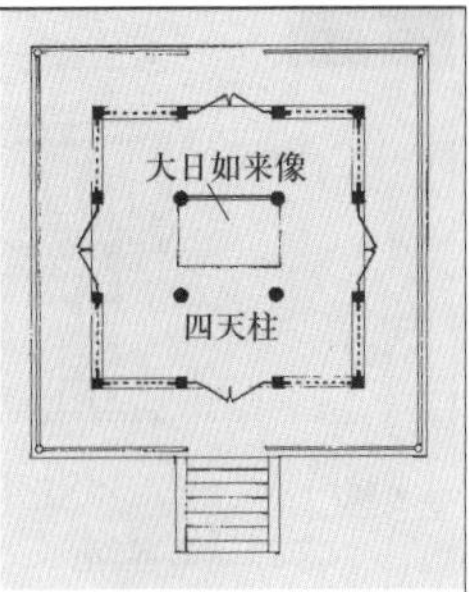

◉ 一乗寺三重塔

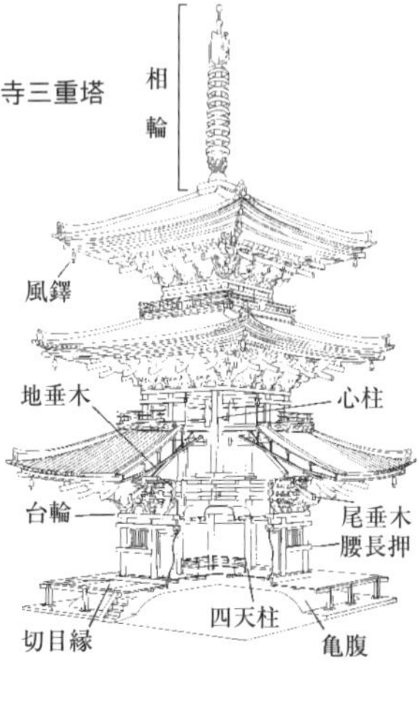

◉ 本門寺宝塔

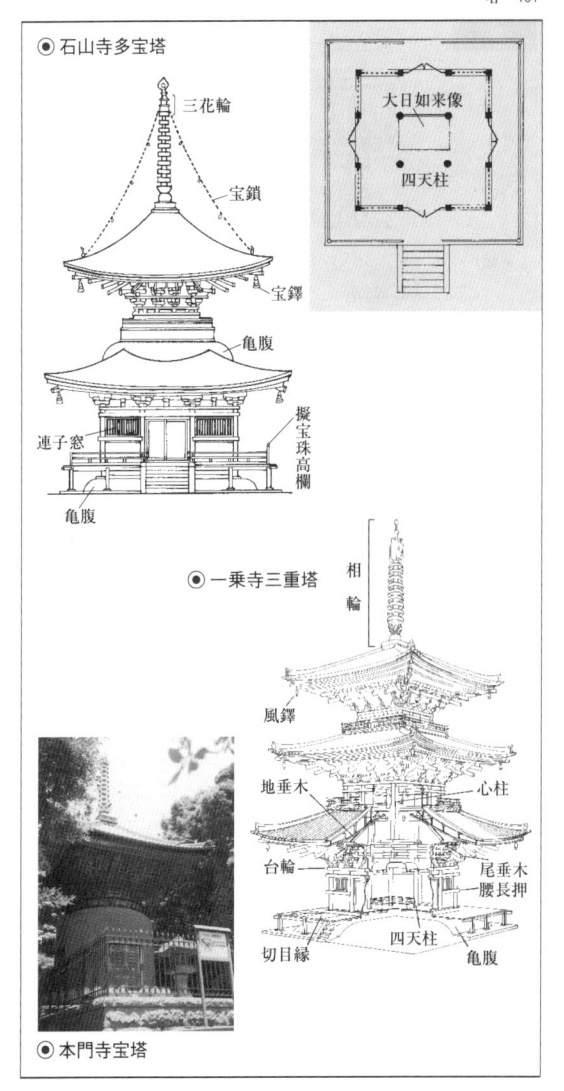

門

◉四脚門

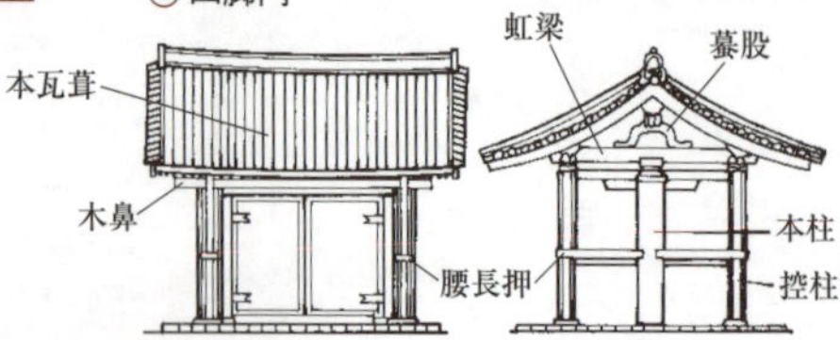

◉楼門《ろうもん》

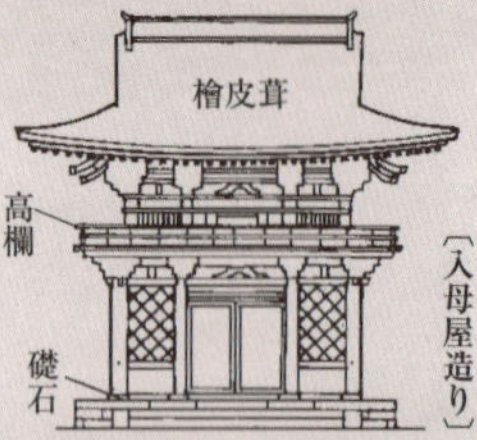

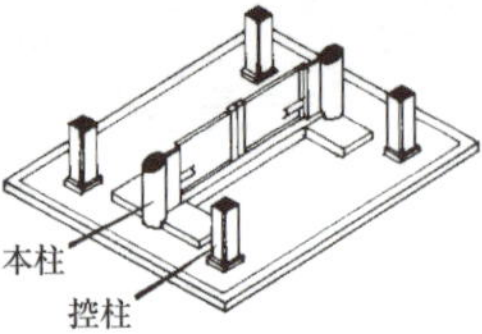

◉二重門

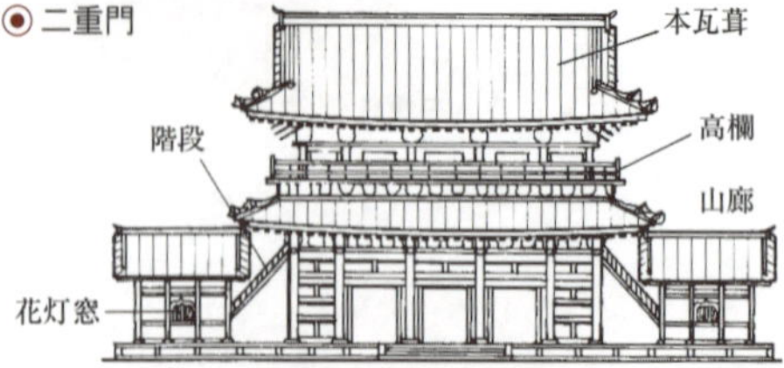

棟門

向唐門

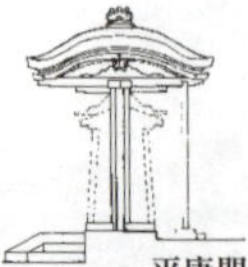

平唐門

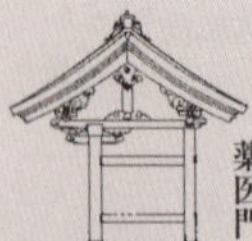

薬医門

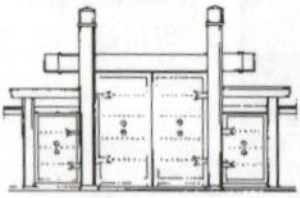

冠木《かぶき》門

竜宮門

城

◉縄張の基本形式

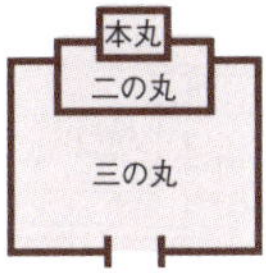

梯郭《ていかく》式（萩城）

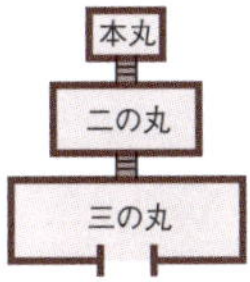

連郭式（水戸城）

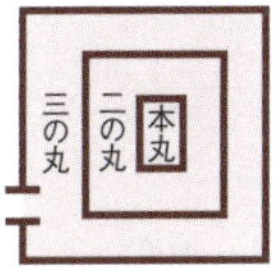

輪郭式（大坂城）

渦郭《かかく》式（江戸城）

◉石垣の積み方

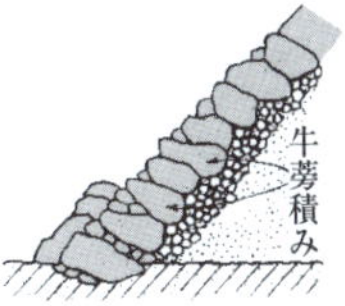

野面《のづら》積み

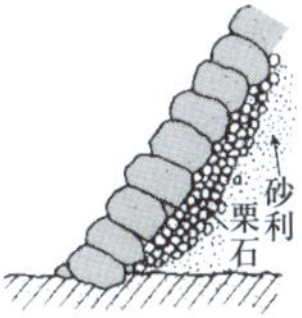

打込はぎ

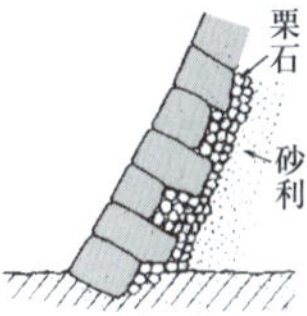

切込はぎ

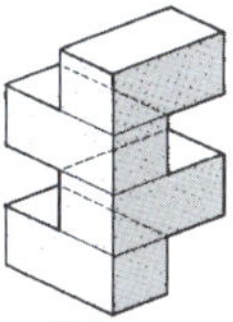
算木《さんぎ》積み

◉堀の種類

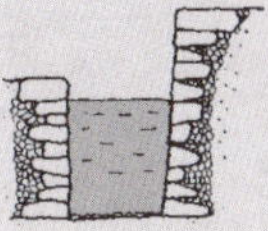
箱堀

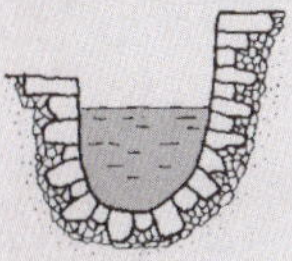
毛抜《けぬき》堀

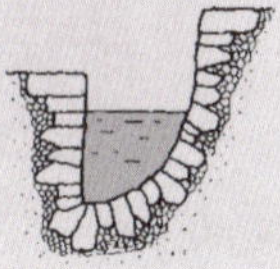
片薬研《かたやげん》堀

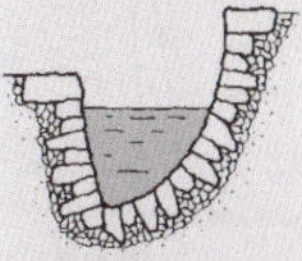
諸薬研《もろやげん》堀

築城に際しては，縄張《なわばり》・普請・作事《さくじ》という手順をふむ。

［縄張］城郭全体の配置計画。主に図の4形式によって郭(曲輪《くるわ》・丸)の数や配置をきめる。複合形や洋式城郭などもある。

［普請］土木工事。石垣の積み方，堀のつくり方は実用と外観を考慮して工夫された。単純な野面積みは外観は悪くても実質は堅固である。算木積みは石垣の角の部分で用いられる。

［作事］建築工事。次ページにその一端を示す。

◉ 高麗《こうらい》門

◉ 江戸城桜田門

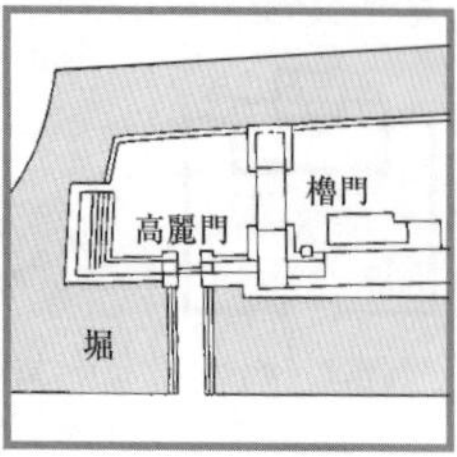

◉ 櫓《やぐら》門

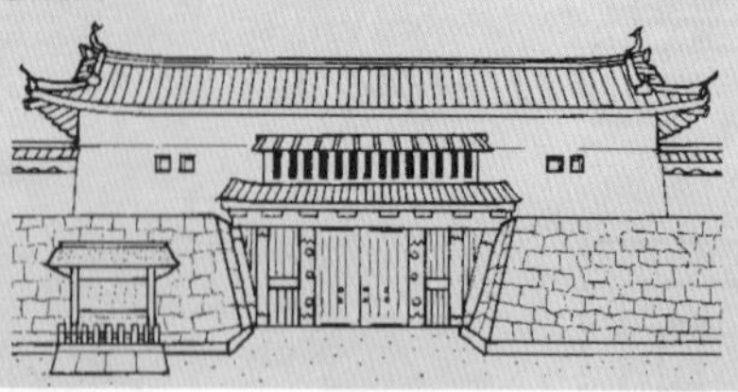

◉ 塀と狭間《さま》

築地塀

土　塀

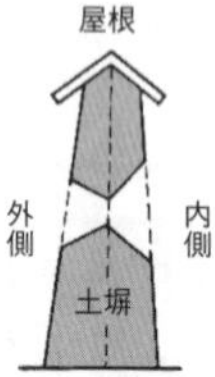

狭　間

◉ 天守の形式

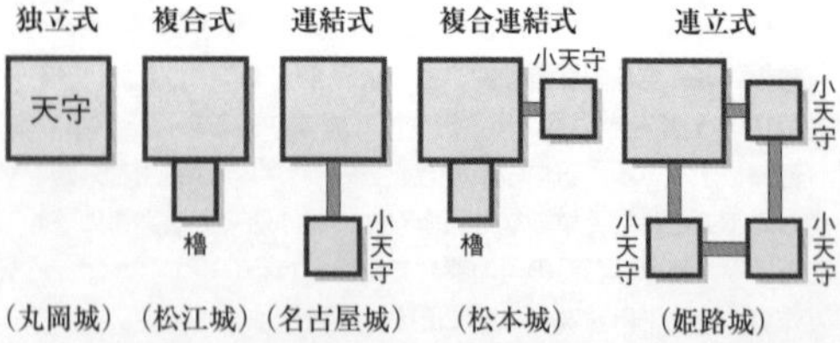

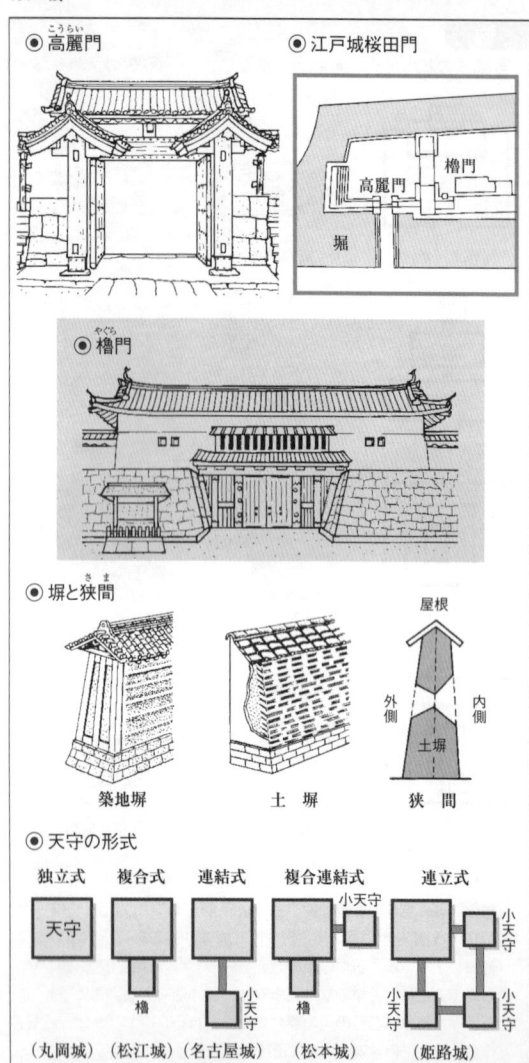

◉ 屋根の基本形

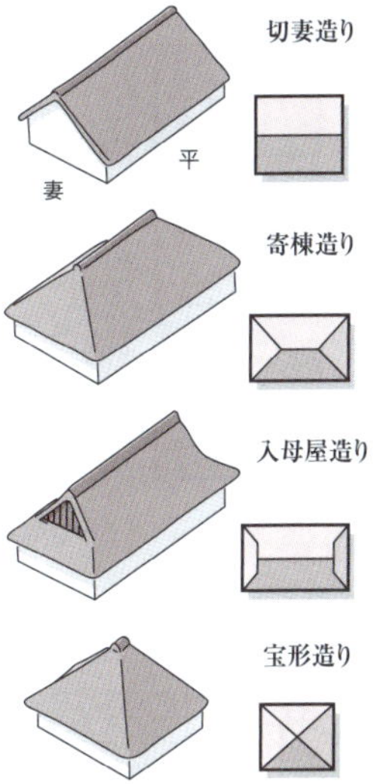

◉ 屋根の形式

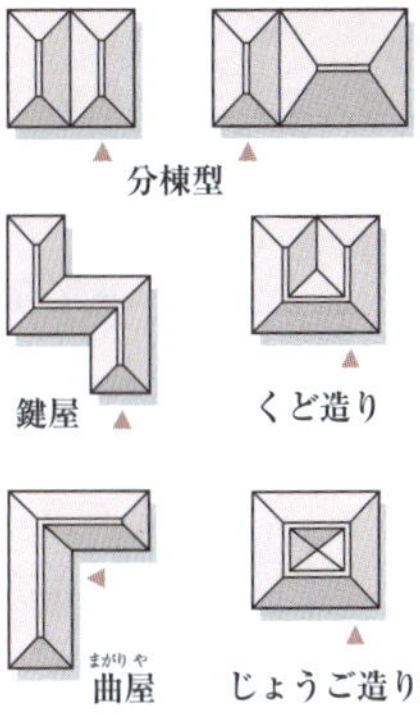

◉ 瓦の種類

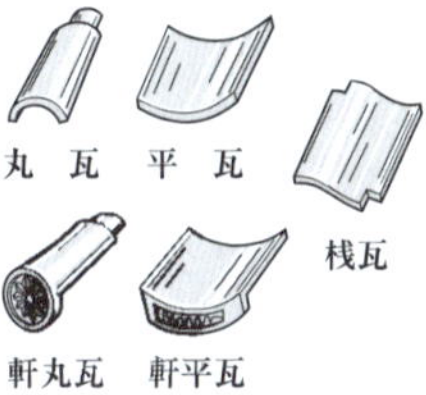

本瓦葺

桟瓦葺

◉ イロリと座席

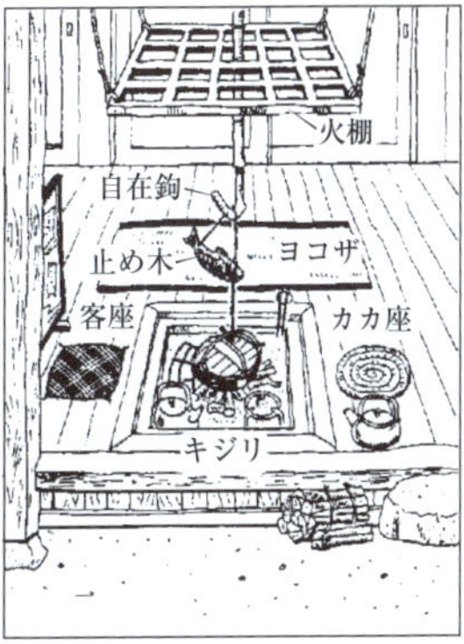

◉ 農家の基本的な間取り

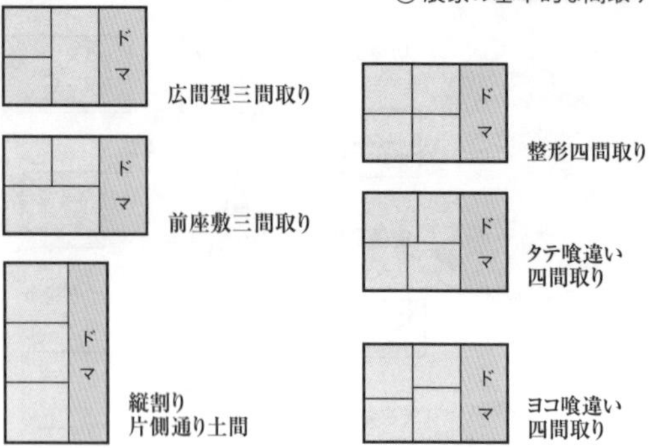

広間型三間取り

前座敷三間取り

縦割り
片側通り土間

整形四間取り

タテ喰違い
四間取り

ヨコ喰違い
四間取り

◉ 町家の基本的な間取り

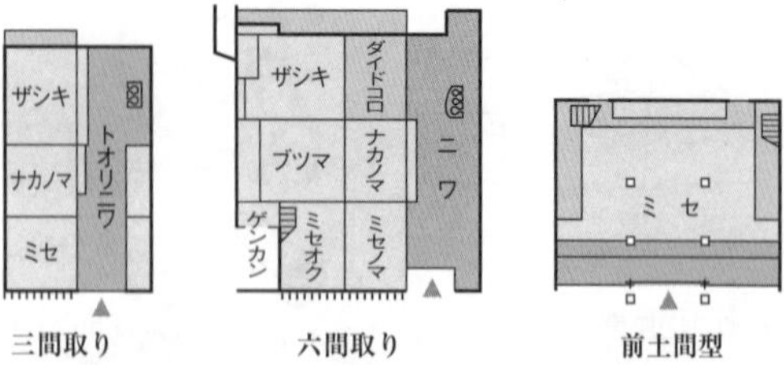

三間取り

六間取り

前土間型

◉ 座敷と床の間

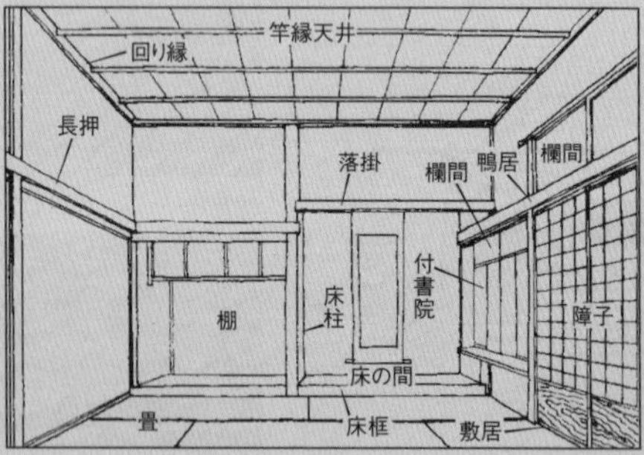

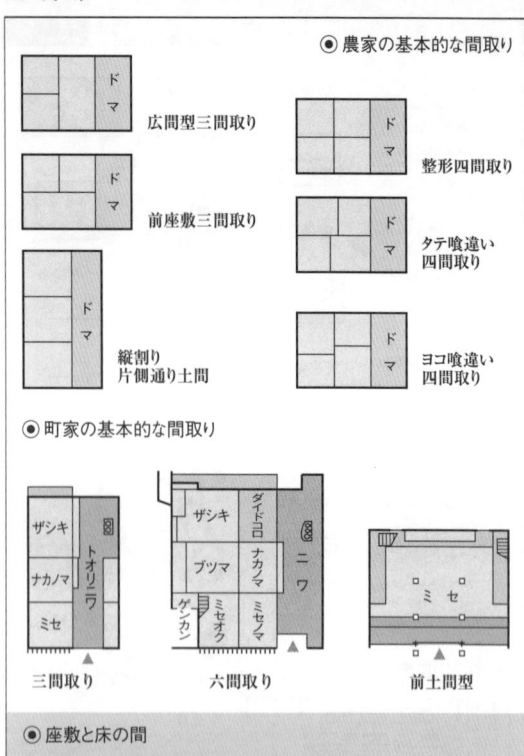

仏像Ⅰ—如来（釈迦）

◉ 薬師如来像（薬師寺）

◉ 清涼寺式釈迦像
（西大寺）

◉ 涅槃《ねはん》像（岡寺）

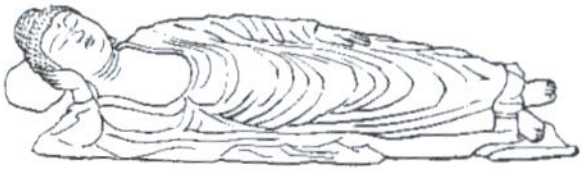

仏像は如来・菩薩・明王・天・羅漢その他にわけられる。

［如来］悟りを開いた覚者で，釈迦・薬師・阿弥陀・大日・毘盧舎那《びるしゃな》など。身体に人間をこえた特徴を示す。

［根本5印］諸仏・諸尊は手と指の形でその働きを示す。5印は釈尊の行動によるもので，如来共通の基本印である。

［九品《くほん》の印相］往生の仕方には九種あって，阿弥陀如来がこれに応じて結ぶ印。定印・説法印・来迎印の3種で構成。

禅定印《ぜんじょういん》

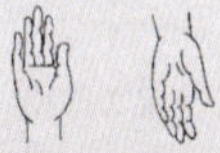

施無畏印《せむいいん》　与願印《よがんいん》

説法印（転法輪印《てんぽうりんいん》）

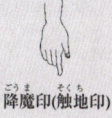

降魔《ごうま》印（触地《そくち》印）

仏像Ⅱ―如来(阿弥陀)

◉ 阿弥陀《あみだ》如来像(平等院)

◉ 善光寺式阿弥陀三尊像(東博)

◉ 宝冠阿弥陀像(浄光明寺)

◉ 九品《くほん》の印相

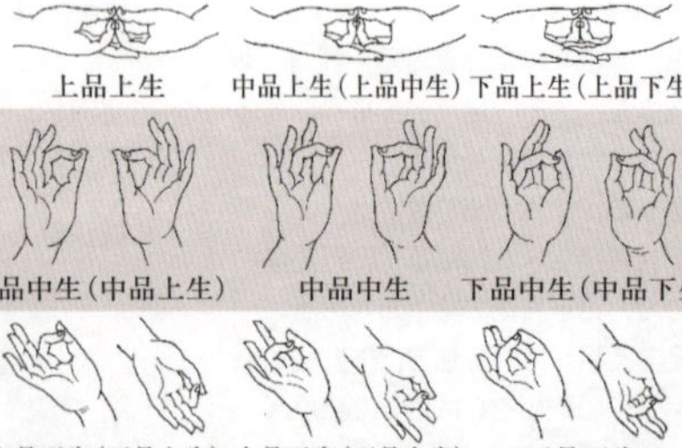

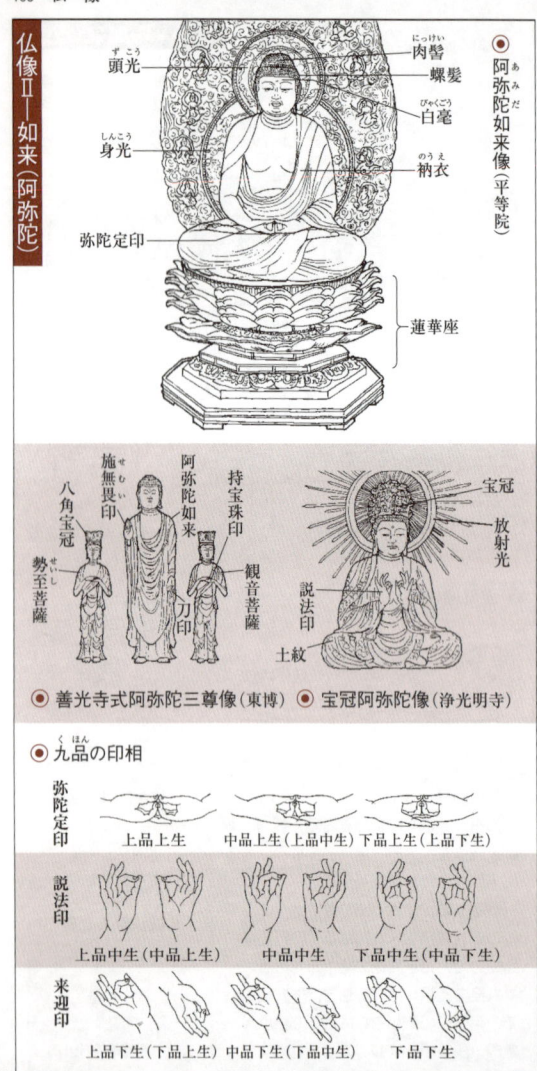

◉ 大日如来像(円成寺)

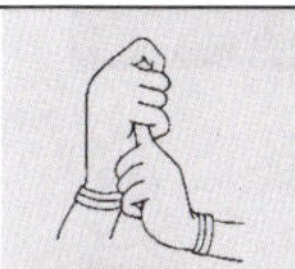

智拳印《ちけんいん》

◉ 大日如来像(妙楽寺)

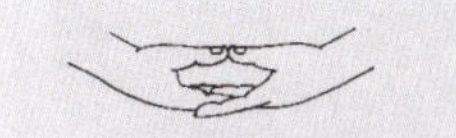

法界定印《ほっかいじょういん》(禅定印)

◉ 東大寺大仏の
鋳造概念図

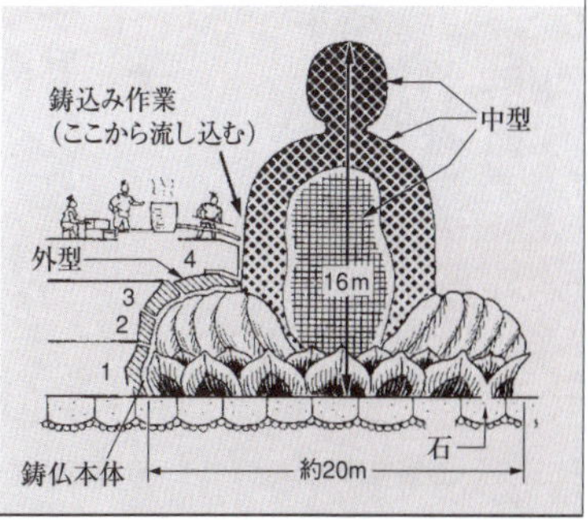

仏像Ⅳ—菩薩

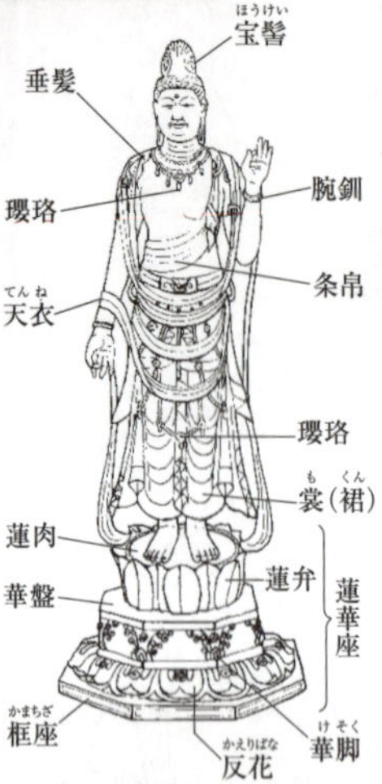

◉ 聖《しょう》観音像(薬師寺)

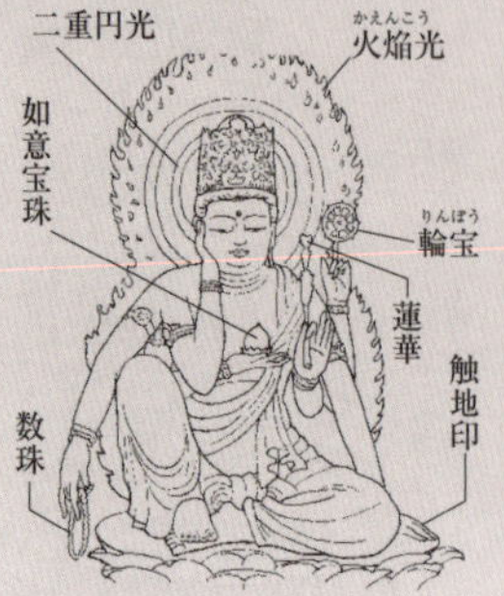

◉ 如意輪《にょいりん》観音像(観心寺)

◉ 千手《せんじゅ》観音像(達磨寺)

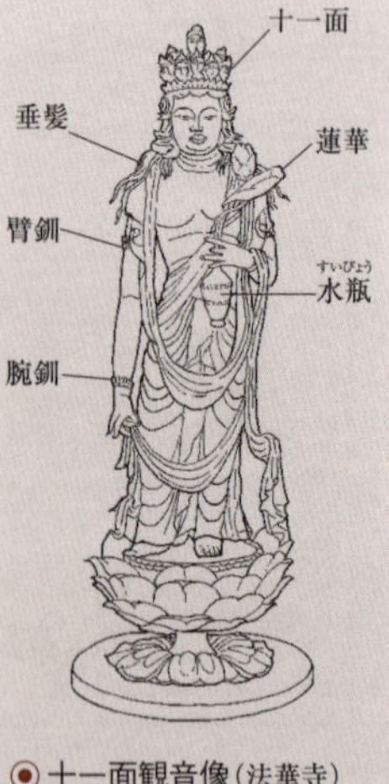

◉ 十一面観音像(法華寺)

◉ 馬頭観音像(大報恩寺)

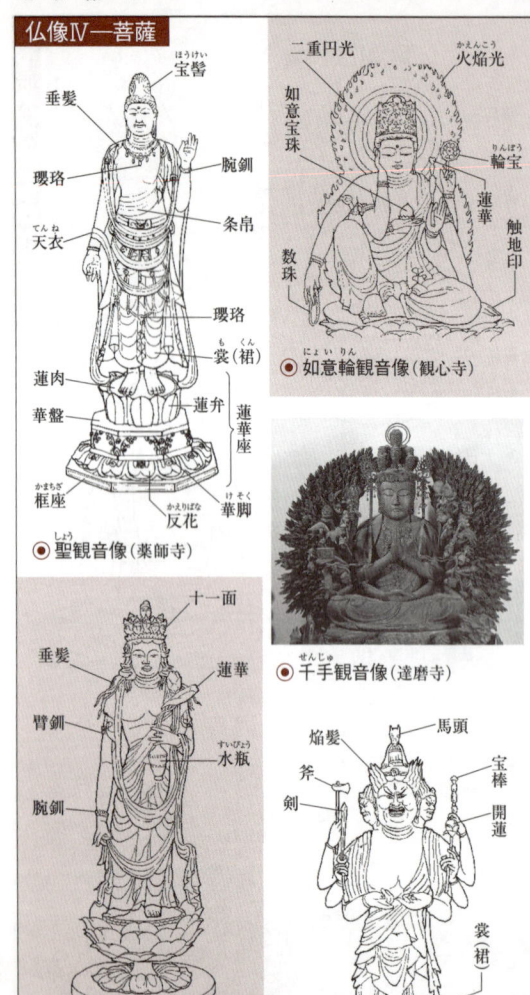

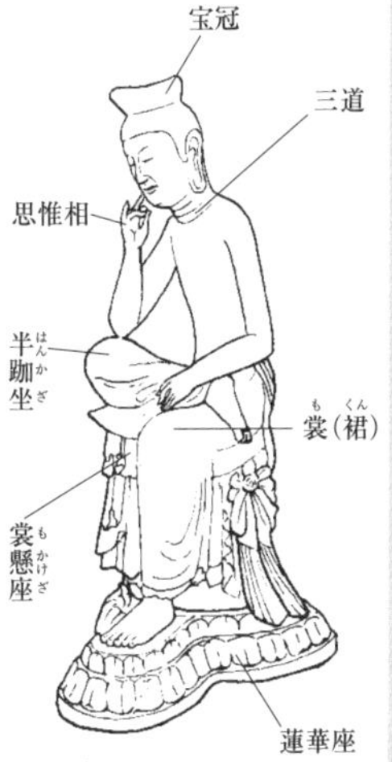

◉ 弥勒《みろく》菩薩像(広隆寺)

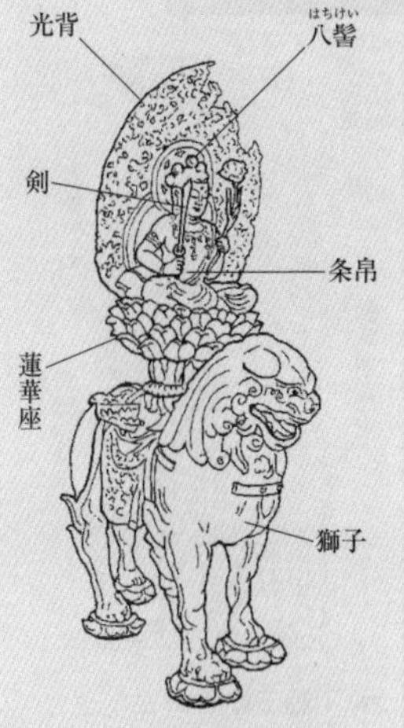

◉ 文殊《もんじゅ》菩薩騎獅像(般若寺)

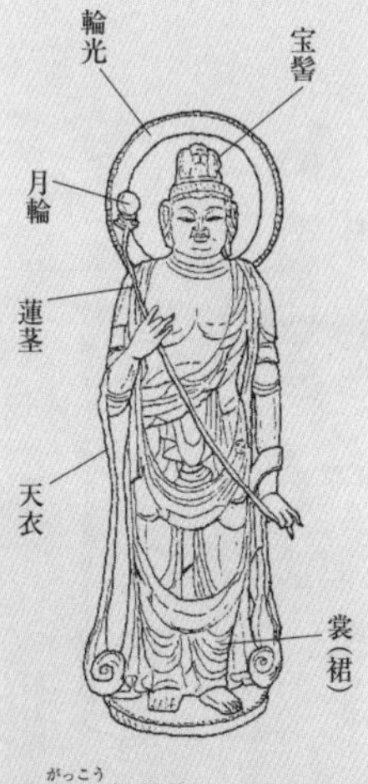

◉ 月光《がっこう》菩薩像(道成寺)

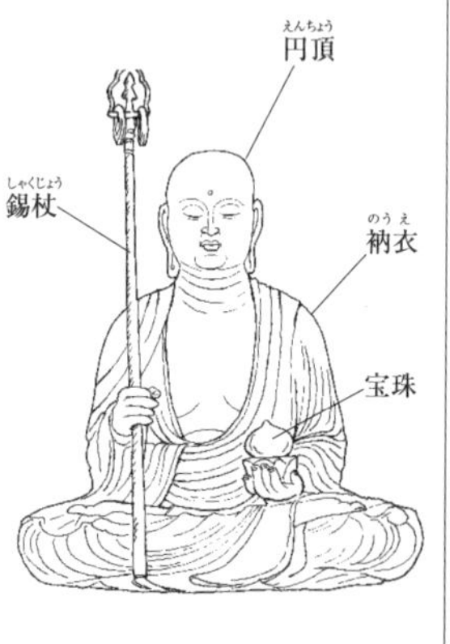

◉ 宝珠錫杖地蔵菩薩像(嶺南寺)

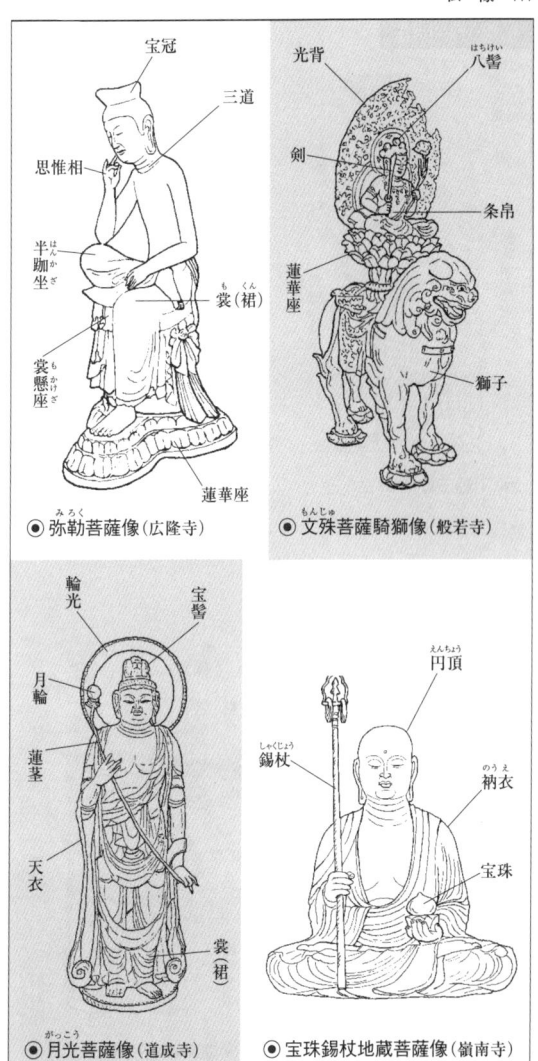

仏像Ⅴ—明王

◉ 不動三尊像(峰定寺)

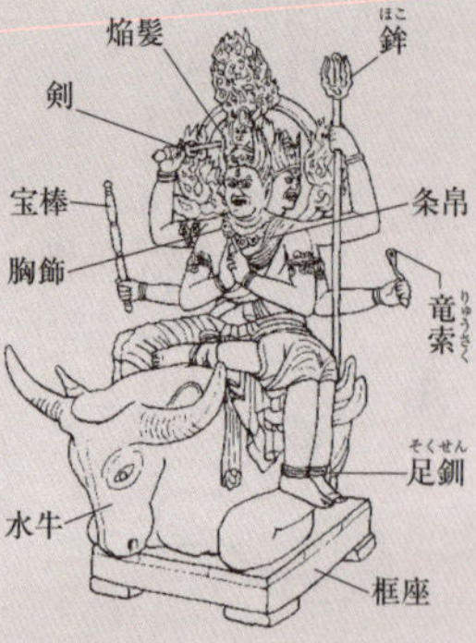

◉ 大威徳《だいいとく》明王像(東寺)

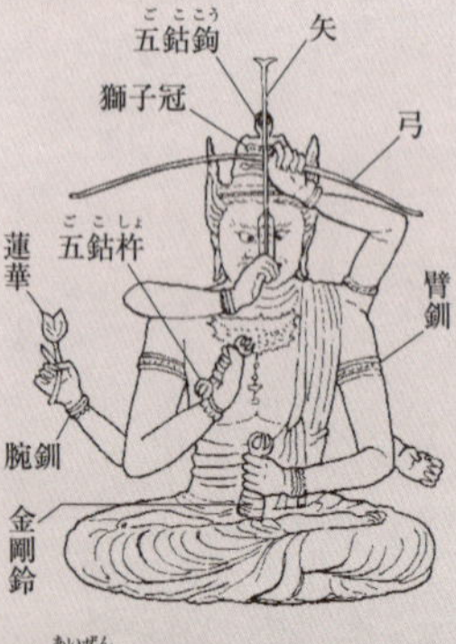

◉ 愛染《あいぜん》明王像(放光寺)

◉ 軍荼利《ぐんだり》明王像(東寺)

仏像Ⅵ—天

◉ 梵天《ぼんてん》騎鵞像（東寺）

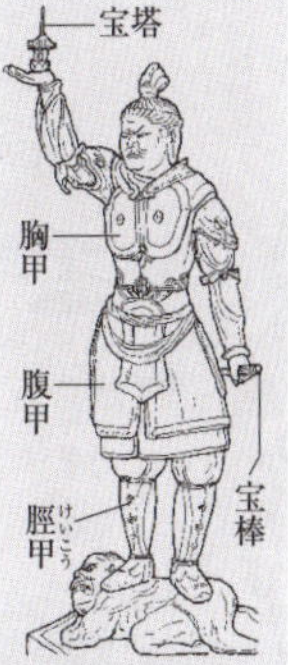

◉ 多聞天《たもんてん》像
（東大寺,四天王の1）

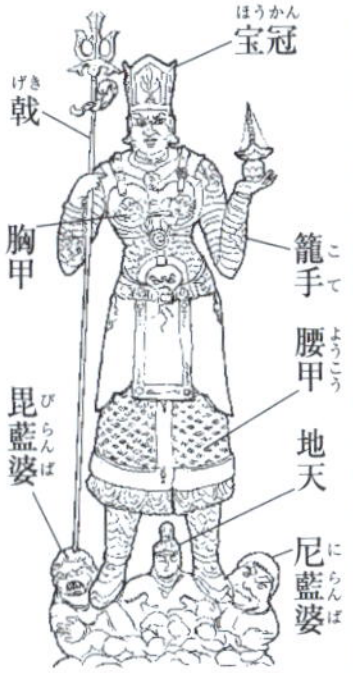

◉ 兜跋毘沙門天《とばつびしゃもんてん》像
（東寺）

◉ 執金剛神《しつこんごうしん》像
（東大寺）

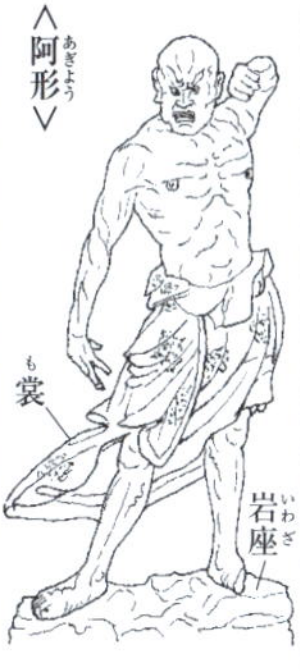

◉ 金剛力士像
（興福寺）

◉ 韋駄天《いだてん》像（乙津寺）

［菩薩］ 努力して如来の境地を求める人のことである。したがって釈尊が出家する以前の王子の姿をとっている。日本ではとくに観音と地蔵の信仰が厚く，現世利益の願いをこめる。各地には観音三十三カ所霊場がある。

［明王］ 密教の経典に登場する尊格である。大日如来の使者であり，また化身でもある。五大明王の中心である不動明王への信仰はとくに厚く，宗派をこえて尊崇されている。

◉ 伐折羅《ばさら》大将像
(興福寺,十二神将の1)

◉ 吉祥天《きちじょうてん》像(浄瑠璃寺)

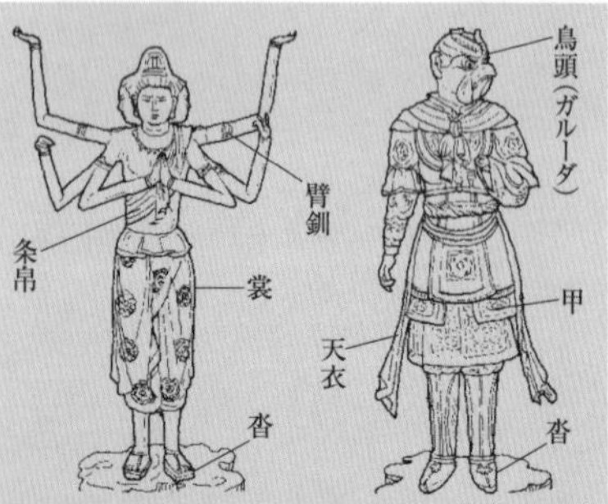

◉ 阿修羅《あしゅら》像(左)と迦楼羅《かるら》像(興福寺,八部衆の1)

◉ 歓喜天像
(常光寺)

[天] バラモン教・ヒンドゥ教から入ってきた仏法の守護神・護法神である。神王形・天女形・鬼神形などさまざまな諸神があるが，とくに仁王《におう》・四天王・毘沙門天の信仰が厚い。

[羅漢《らかん》] 仏道を修め，一定の境地に達した人である。十大弟子や十六羅漢・祖師などがある。

[その他] 仏・菩薩が姿を変えて現れた垂迹《すいじゃく》像や懸仏《かけぼとけ》など，さまざまである。

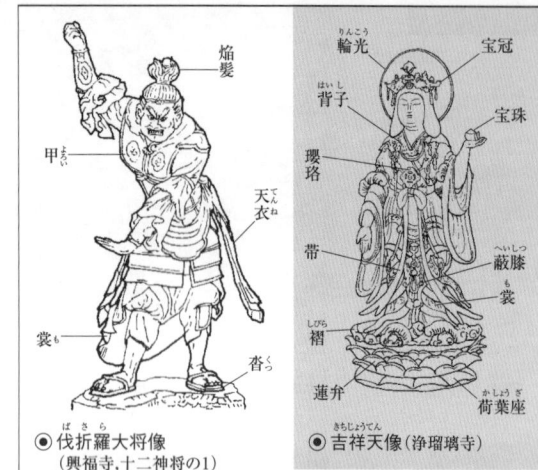

仏像Ⅶ—羅漢その他

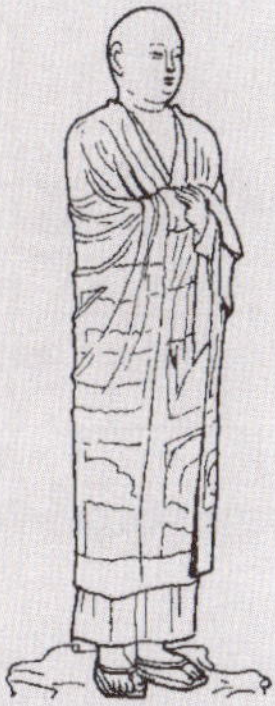

◉ 須菩提《すぼだい》像（興福寺）

◉ 聖徳《しょうとく》太子像（元興寺）

◉ 役行者《えんのぎょうじゃ》像（桜本坊）

◉ 僧形八幡神像（休丘八幡宮）

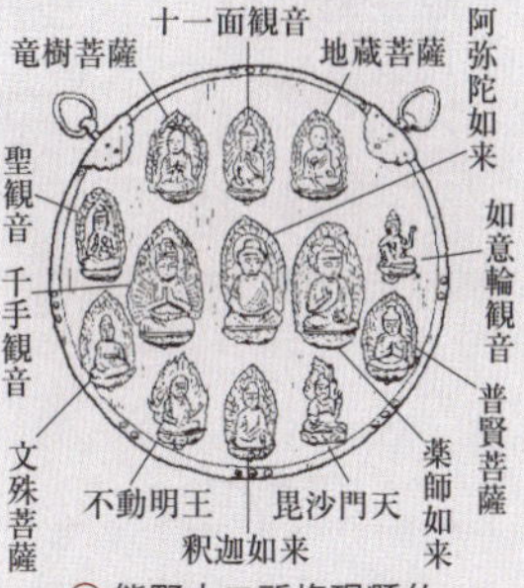

◉ 熊野十二所権現懸仏
（熊野大社）

◉ 蔵王権現像
（三仏寺）

◉ 七 福 神

石 塔

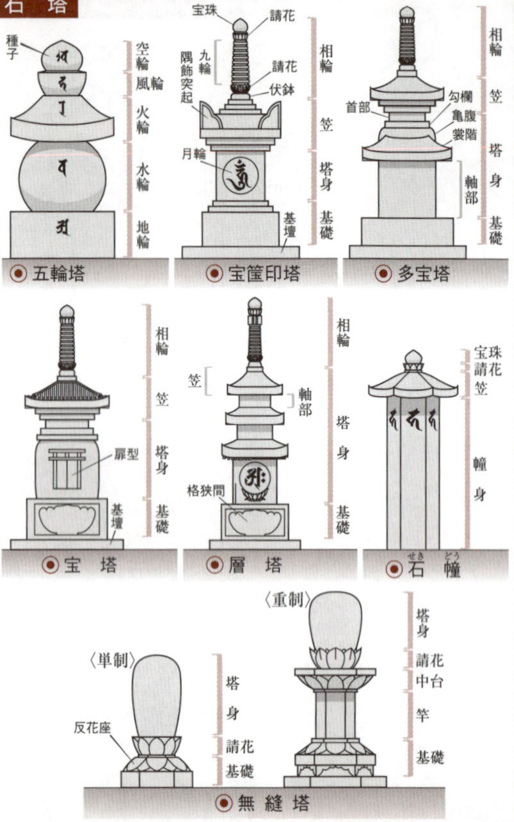

［石塔］ 中世の供養塔としては五輪塔・宝篋印塔《ほうきょういんとう》が板碑《いたび》とともに多い。五輪塔は密教の五大思想を現したもの，宝篋印塔は宝篋印陀羅《だら》尼《に》経を納めた塔。近世の供養塔では庚申《こうしん》塔が多い。

［板碑］ 本来板石塔婆《とうば》で，材は緑泥片岩が一般的である。頂部に山形と二条線，中央には阿弥陀三尊の種子《しゅじ》を刻むのが多い。

［石仏］ 墓地や路傍で見る近世の石仏は，とくに観音・地蔵が多い。現世利益を求め，死後の安心を期待するからであろう。

板碑・石仏など

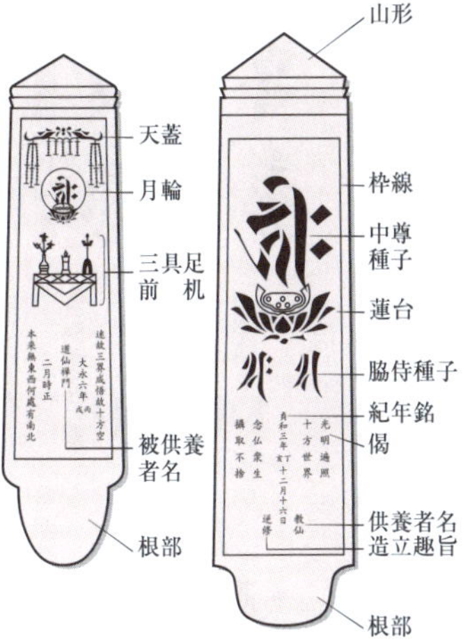

◉板 碑

◉馬頭観音

◉如意輪観音

◉庚申塔の名称

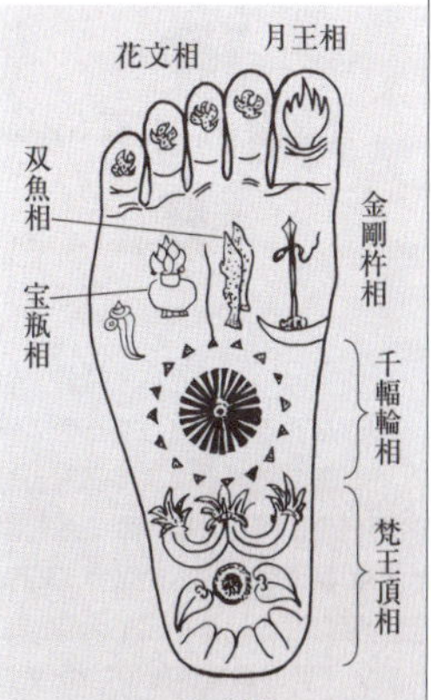

◉仏足石《ぶっそくせき》

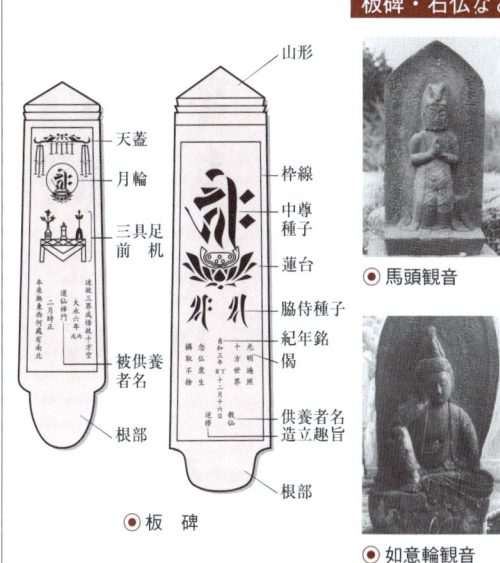

主な種子

種子《しゅじ》は，１字で仏・菩薩・明王・天などを現す梵字《ぼんじ》の一種である。板碑などでよく見られるのは阿弥陀三尊である。

石塔の塔身にはよく四方仏が刻まれるが多くは種子である。平安時代の作例では顕教四仏が刻まれたが，鎌倉時代以後になると密教の影響で金剛界《こんごうかい》・胎蔵界《たいぞうかい》の四仏が一般化した。

室町時代には十三仏信仰が広まり，板碑に十三仏の種子が刻まれた。死者の追善供養のため，初七日から三十三回忌までの13の仏事にわりあてた仏・菩薩で，不動・釈迦から虚空蔵《こくうぞう》に至る。

あ	安	阿
い	以	伊
う	宇	有
え	衣	江
お	於	於
か	加	可
き	幾	起
く	久	具
け	計	希
こ	己	古
さ	左	左
し	之	志
す	春	須
せ	世	世
そ	曽	楚
た	多	堂
ち	知	地
つ	川	徒
て	氏	天
と	止	登
な	奈	那
に	丹	尓
ぬ	奴	怒
ね	祢	年
の	乃	能
は	者	盤
ひ	比	飛
ふ	不	婦
へ	阝	遍
ほ	保	本
ま	萬	満
み	美	美
む	武	無
め	女	免
も	毛	茂
や	也	屋
ゆ	由	遊
よ	与	与
ら	良	羅
り	利	里
る	類	流
れ	礼	連
ろ	呂	路
わ	和	王
ゐ	為	井
ゑ	恵	衛
を	遠	越

変体がな

かなは仮名・仮字であり，日本語表記のために漢字を簡略化してつくった音節文字である。平仮名の成立は9～10世紀頃とされるが，もととなった漢字はさまざまであったから，かなの字体も大きくちがった。字体が統一されたのは，1900(明治33)年の小学校令施行規則によってである。

この統一字体にあてはまらない平仮名が変体がなで，現在でも字体の美しさを求めて書道や手紙などで使われている。表示したのは，多く使われている変体がなであるが，これ以外にもいろいろある。

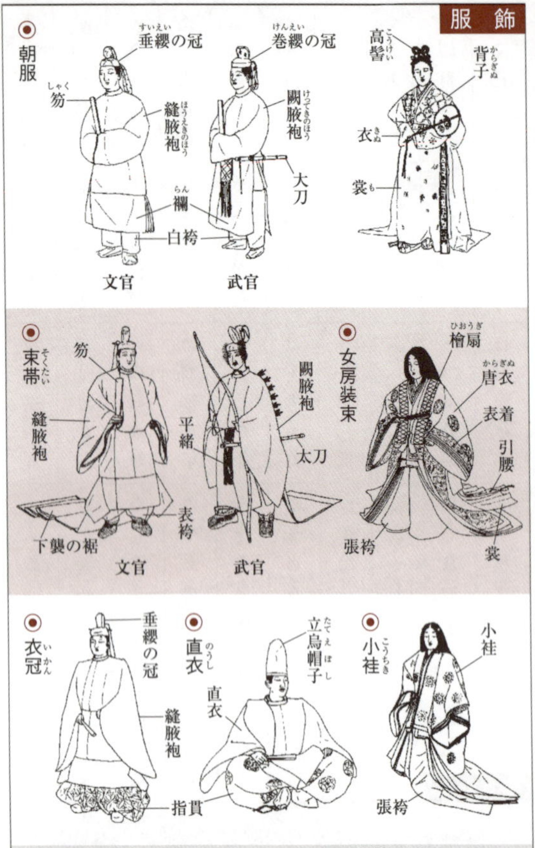

奈良時代の官人は，文官が両脇を縫った縫腋袍《ほうえきのほう》，武官が両脇をあけた闕腋袍《けってきのほう》を着ける唐服を朝服とした。女子の朝服も上衣の上に背子《からぎぬ》を着け，いかにも唐服であった。

平安中期になると衣服の国風化が進む。男子は束帯《そくたい》・衣冠を正装とし，直衣《のうし》・狩衣《かりぎぬ》を常服とする。女子は女房装束を正装とし，小袿《こうちき》や単《ひとえ》・袴を常服とした。平安末期からは男女ともに，本来は下着である小袖《こそで》の着用ですませるようになった。

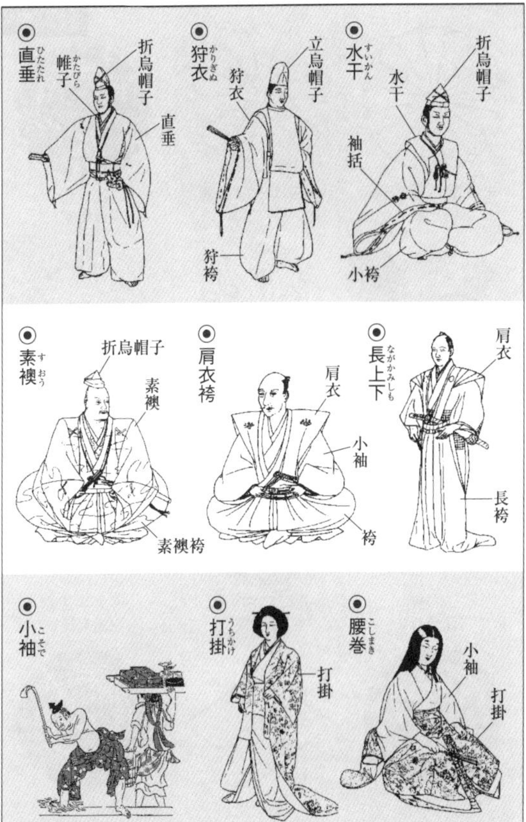

鎌倉時代には武士の直垂《ひたたれ》が常服となって広く普及し，狩衣と水干《すいかん》は儀式用の服となってしだいにおとろえていった。

室町時代には，直垂から発展した素襖《すおう》が武士の通常服となった。小袖の着用が一般化し，女子は小袖着流しの上に打掛《うちかけ》を着け，庶民も小袖を常用した。桃山時代には武士は肩衣・袴を礼服とし，江戸時代には長上下《ながかみしも》が通常礼服となった。女子は桃山時代に，打掛をぬいで腰に巻く腰巻《こしまき》姿が礼服となっている。

紋章

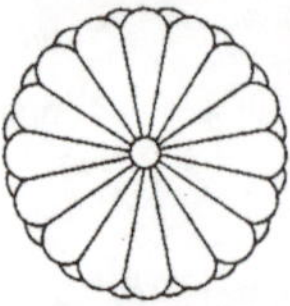

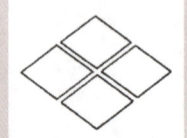

十六葉八重表菊
（皇　族）

十四葉一重裏菊
（皇　族）

牡　丹
（近衛家）

竜《りん》　胆《どう》
（六条氏）

五つ竜胆車
（久我家）

九条藤
（九条家）

三つ鱗《うろこ》
（北条氏）

丸に二つ引両
（足利氏）

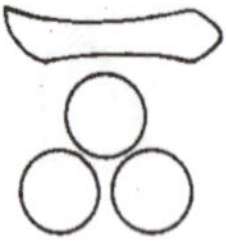

一文字三星
（毛利氏）

竹に対雀
（上杉氏）

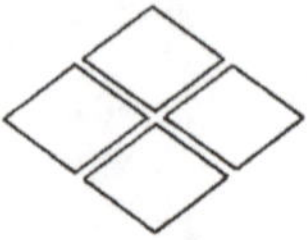

割　菱
（武田氏）

五つ木瓜《もっこう》
（織田信長）

太閤桐
（豊臣秀吉）

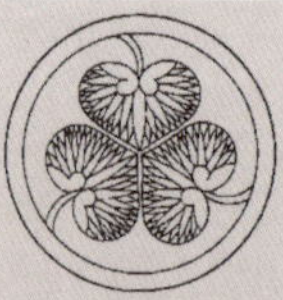

三葉葵
（徳川将軍家・前期）

三葉葵
（徳川将軍家・後期）

丸に立葵
（本多忠勝）

丸に橘
（井伊氏）

丸に十文字
（島津氏）

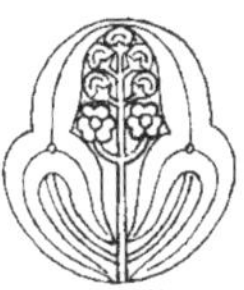

沢《おも》 瀉《だか》
（毛利氏・近世）

扇に月の丸
（佐竹氏）

丸に違い鷹の羽
（浅野氏）

八《や》咫《た》烏《がらす》
（熊野大社）

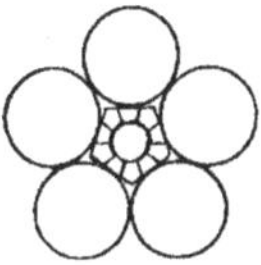

梅 鉢
（湯島天神）

三つ巴
（鹿島神宮）

有紐法《ほ》螺《ら》貝《がい》
（聖護院）

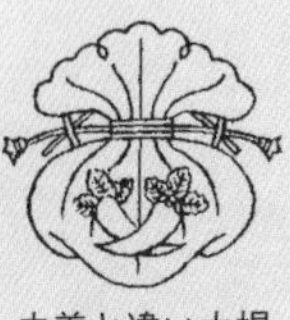

巾着と違い大根
（宝山寺）

金字に丸
（金刀比羅宮）

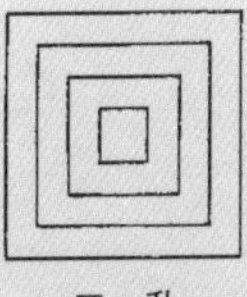

三 升
（市川団十郎）

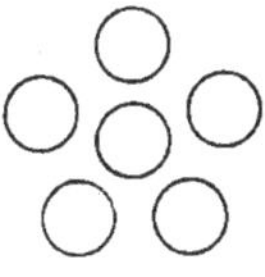

離れ六つ星
（坂田藤十郎）

揚羽蝶
（中村吉右衛門）

年　月　日～　月　日

行　先：

所在地：

TEL：

日　程：

探訪のねらいを定める●―――

「何でも見てやろう」でもいいけれども、史跡・文化財探訪の効果をあげるには、あらかじめ探訪のねらいを定めておいたほうがいい。関心をもった特定の対象を中心にすえ、「何を」「どのように」と探訪の順序・方法を定めておくのだが、場合によっては一定の地域であってもいい。

定め方にはいろいろある。四国遍路・西国三十三所巡礼・清涼寺式釈迦像、あるいは歴史的町並みや古道というように特定の対象でもいいし、平家伝説・将門伝説や怨霊鎮めの寺社などのテーマにそって追う方法も面白いだろう。

年　月　日～　月　日

行　先：

所在地：

ＴＥＬ：

日　程：

探訪の要領●————

　とにもかくにも「読んで」「歩いて」「考える」ことである。まずは「読む」。関係資料をできるだけ集め、十分に読む。そのことが対象への理解を深め、さらに探訪の範囲も広げてくれる。つづいて「歩く」。実際に現地に立ち、自分の眼で文化財を確かめることで、書物ではえられない実感が与えられることであろう。

　大切なのは「考える」こと。何となく見たり、解説を聞いたりしただけで満足せず、見学の際、おのずとうまれてくるさまざまな疑問に自問・自答してみよう。そこから何かがうまれ、新しい発見に無上の喜びがわいてくるというものである。

年　月　日～　月　日

行　先：

所在地：

TEL：

日　程：

寺社拝観にあたって●

文化財の見学にあたっては、文化財愛護の心をもつとともに、所有者の立場を考えて行動するようにしたい。信仰の念にささえられた寺社拝観に際しては、特に慎重な態度・行動が要求される。

来観者への公開を前提としている寺社でなければ、必ず事前に葉書や電話で拝観の許可をえておかなければならない。実際の拝観にあたっては、「見る」のではなく「お参りする」気持がほしい。そうすれば動作もおのずと慎重になり、無断で撮影する非礼もなくなる。石碑・石仏の拓本をとる場合も、相手の立場に立って考えれば、自然に行動が規制されるというものである。

年　　月　　日～　　月　　日

行　先：

所在地：

TEL：

日　程：

探訪の七つ道具●

　探訪に関するガイドブック・資料の類は必要で、地図・案内図、場合によっては列車・バスの時刻表などもほしい。このほかノート・筆記具の類も忘れないようにしたい。

　カメラやビデオ、ときにはテープレコーダーなどももっていきたいが、予備のフィルム・電池なども忘れないこと。思いのほか役立つのは懐中電灯。時には磁石やメジャーなども重宝することがある。

　探訪のための身支度も入念にしたい。雨天に備えて雨具、夏には帽子・サングラス、さらに虫除けスプレーなどは必要で、また簡便なバッグも意外に役立つことがある。

年　　月　　日～　　月　　日

行　先：

所在地：

TEL：

日　程：

さまざまの視点●————

文化財に接するときには、さまざまな見方ができることを忘れないようにしよう。例えば仏像を観察する場合、感覚的・美術的な視点もあれば、歴史的・社会的あるいは宗教的な視点もある。

東大寺の大仏を拝観した人は、美術的にどうこうという前に、まずその巨大さに驚かされるだろう。そこから続いて疑問がおこる。この大仏は何仏か？〈国家鎮護の毘盧舎那仏〉、制作の方法は？〈八度にわたる鋳つぎ〉、誰が造ったか？〈労働民衆の辛苦〉、可能にした力は？〈国家権力と篤い願い〉などなどである。これらの疑問・視点を自分なりにもつこと、それが大切なのである。

年　　月　　日～　　月　　日

行　先：

所在地：

TEL：

日　程：

九州の鉄道から●

列車の旅で時刻表を眺めると、それだけでも十分に楽しめる。鉄道路線の広がりぐあいを見ただけでも、地理的・歴史的背景がわかってくるが、線名や駅名を見ても面白い。

九州のJR線に例をとってみよう。線名には鹿児島・長崎本線、唐津・大村・佐世保線など目的地を示すものもあるが、日豊・筑豊・豊肥本線、筑肥・肥薩線など旧国名をつけたものもある。ルートをたどって確かめてみよう。

駅名も面白い。筑後吉井・筑前前原・肥前山口・豊後竹田など、なぜ旧国名をつけるのか。早岐・彼杵・南風崎など大村線の駅名はどう読むのか、どういう意味かなど、考えるだけでも楽しいだろう。

年　月　日～　月　日

行　先：

所在地：

TEL：

日　程：

地図を読む●————

現地に立つことにあわせ、さらに広く地域全体を見渡すことも必要である。奈良東大寺のお水取り行事を見たら、奈良と若狭との関係を知らされる。そこで地図上に若狭・大和ルートを確かめると、それがいわゆる十一面観音の道と一致することに気付く。さらに視野を広げると、巨木文化や稲の伝播など、先史時代から続く日本海ぞいの文化伝播のルートもわかろうというものである。

歴史の道を歩くときなど、ぜひ地図と見比べながら歩きたい。あらためて地図帳を開き、史跡・城跡・寺社などの地図記号を確認したうえで、地図を読む楽しさを味わってみたいものである。

年　月　日～　月　日

行　先：

所在地：

TEL：

日　程：

地名に見る時代性●————

旅先で出会う地名にも関心をもとう。地名には自然地名もあるが、特に興味深いのは歴史的地名である。

歴史的地名には時代性がある。古代で目立つのは国府・府中などの律令支配関係、北条・西条などの条里制に関わる地名、あるいは高句麗・百済・新羅などの渡来人関係地名である。

中世の地名では荘園関係が目立ち、近世には城下町や新田開発、産業都市成立などに関わる地名がある。近代になると経済発展にともなう新地名の出現とともに、合理的・機能的な地番整理が増えていく。数地区の合併による合成地名の登場も目立っているが、いささか考えさせられる場合もある。

年　　月　　日～　　月　　日

行　先：

所在地：

TEL：

日　程：

京都・東京の地名●————

各地の地名には、それぞれの地域の特性を見ることができる。千年の古都京都は、町全体が平安京の名残を残し、東西の条と南北の大路とが町筋の基本となる。町名にも、公家・僧侶・職人・商人らの居住地であったことがそのままわかるものが多く残されている。

東京は徳川将軍の城下町江戸から出発し、京都＝西京に対立する東京として近代の首都となったが、城下町時代の武家・町人の居住区だったことを示す地名が目立つ。武家居住区は坂・谷・馬の字が目立つ山の手台地、町人は島・舟などの字がつき埋立地であることを示す下町地区である。

年　月　日～　月　日

行　先：

所在地：

TEL：

日　程：

地名のつながり

地名はそれぞれ単独でも面白いが、いくつかまとめてのつながりを考えると、さらに興味深くなってくる。

自然地名には、各地で同じものがある。たとえば「白浜」「勝浦」についてみると、房総から伊豆、さらに紀伊・四国までつながってくる。

平家伝説を追い、「平家」の字のつく地名を訪ねてみるのも面白い。東北の「一戸」から「九戸」までの地名は南部氏の支配を現し、岩手・青森という近代の県境をこえることに気づく。信越の「六日町」「十日町」は中世の定期市に由来するが、各地でそれらの地名をひろい、中世・近世の商業圏を考えていくこともできよう。

年　月　日～　月　日

行　先：

所在地：

TEL：

日　程：

前後と上下●

旧国名に前後、上下のつくものがある。東北では一時的に陸前・陸中・陸奥と羽前・羽後、関東では上総・下総、上野・下野、中部では越前・越中・越後、中国では備前・備中・備後、九州では筑前・筑後、豊前・豊後、肥前・肥後がある。都に近い方から上下であり、前後であることがわかる。面白いのは上総・下総の位置関係で、古代の房総へのルートは今と違って海路だったことがはっきりする。

近畿の丹後国には対になる丹前国がない。それはここが本来丹波国であり、北の五郡を割いて丹後国を新設したからである。これらに関連づけて、各地にある前後・上下の地名の由来を考えてみると面白い発見をするかもしれない。

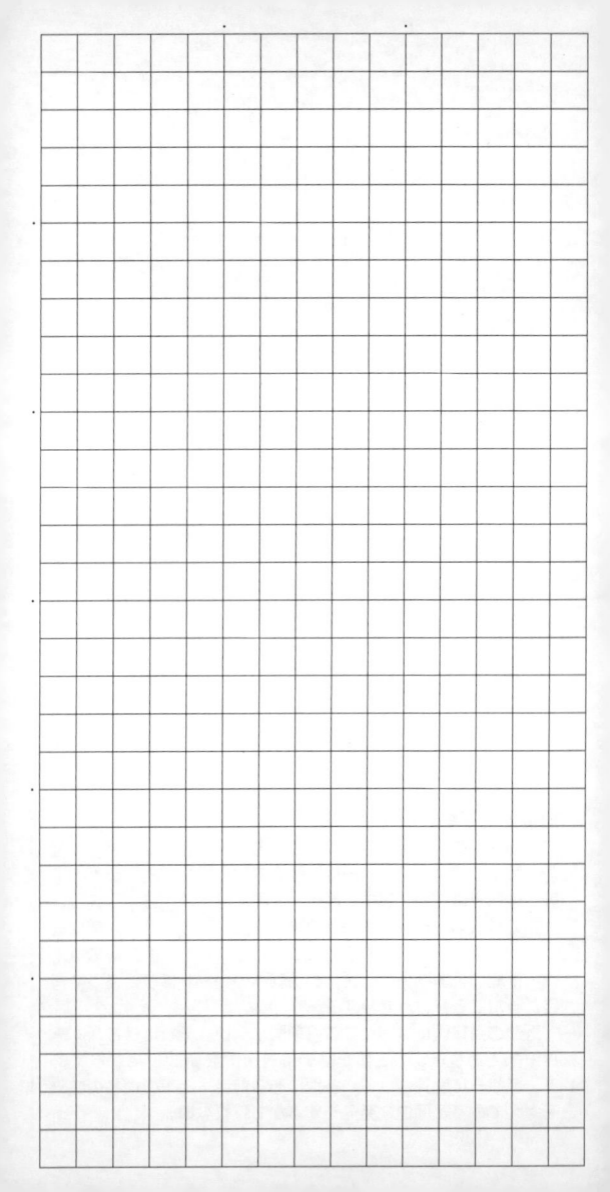

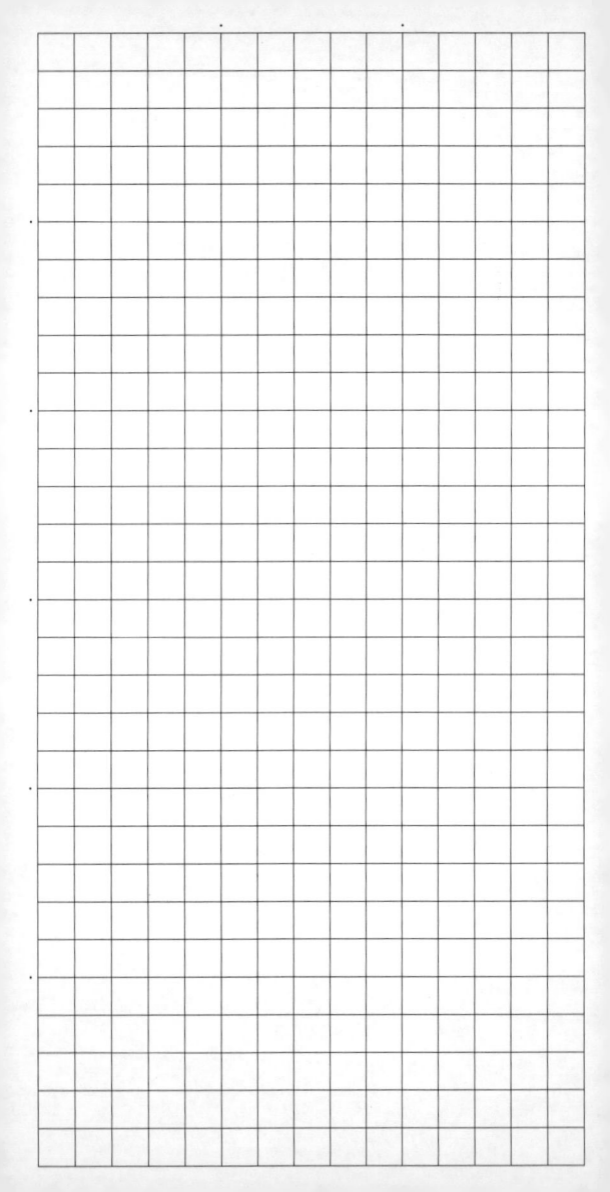

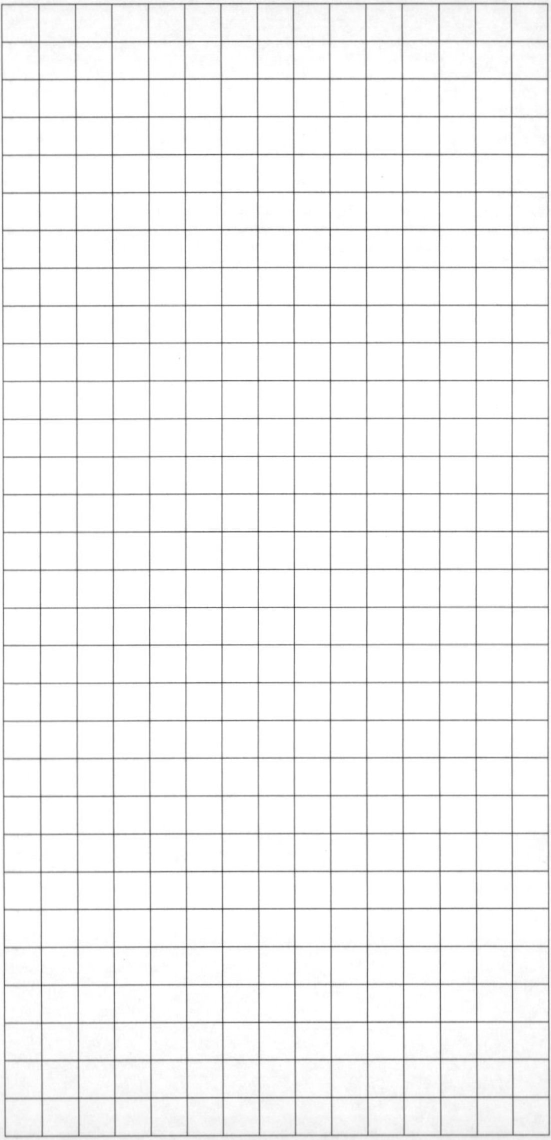

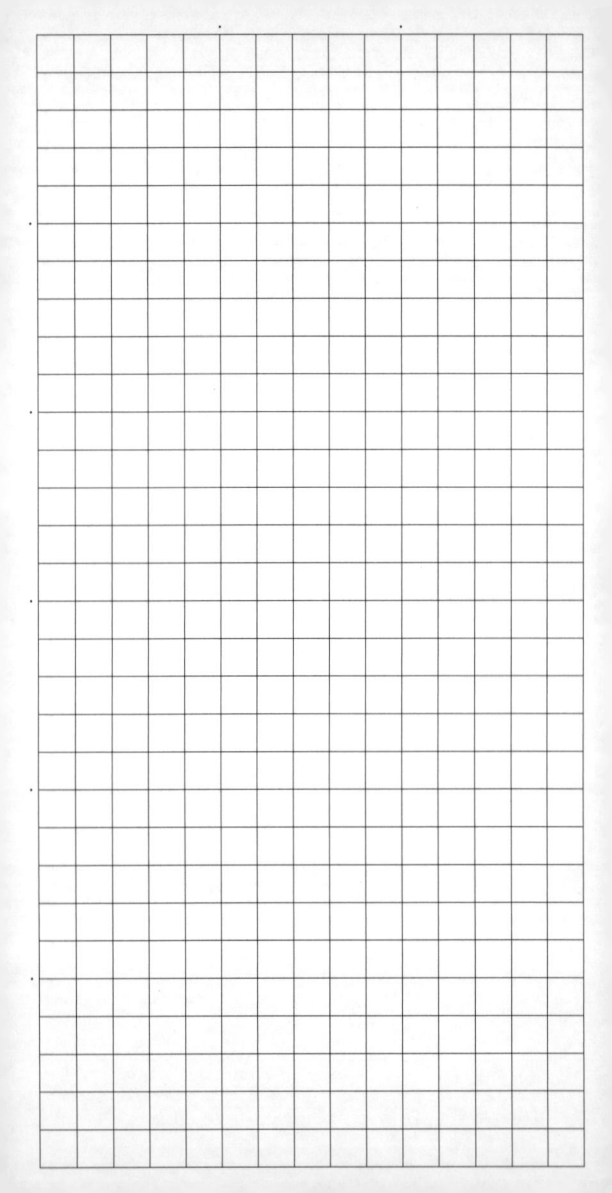

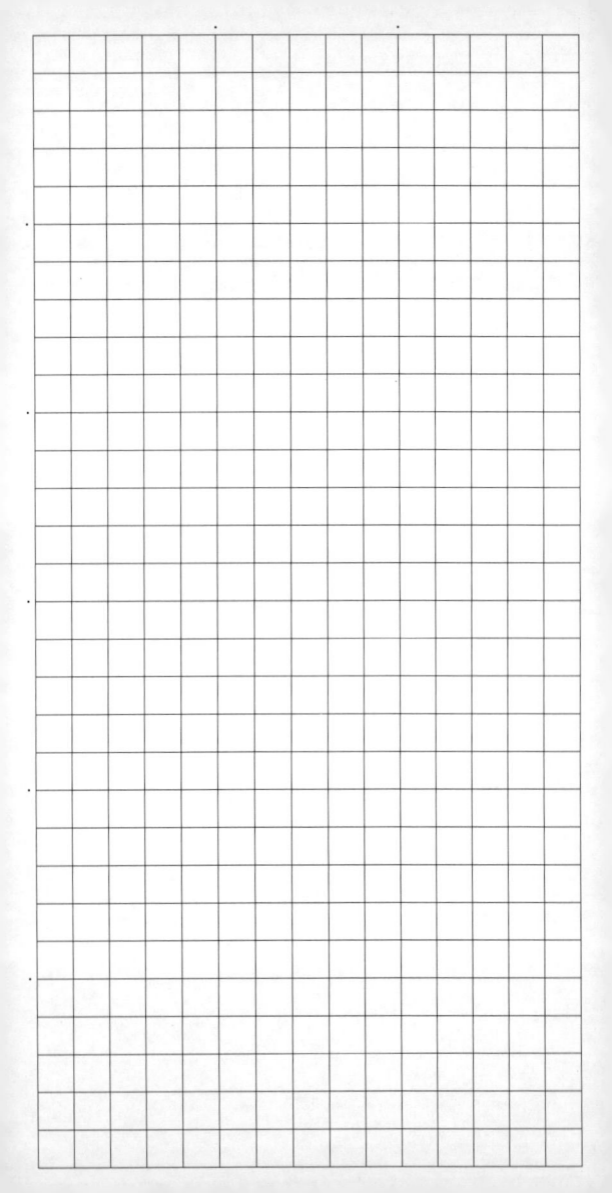

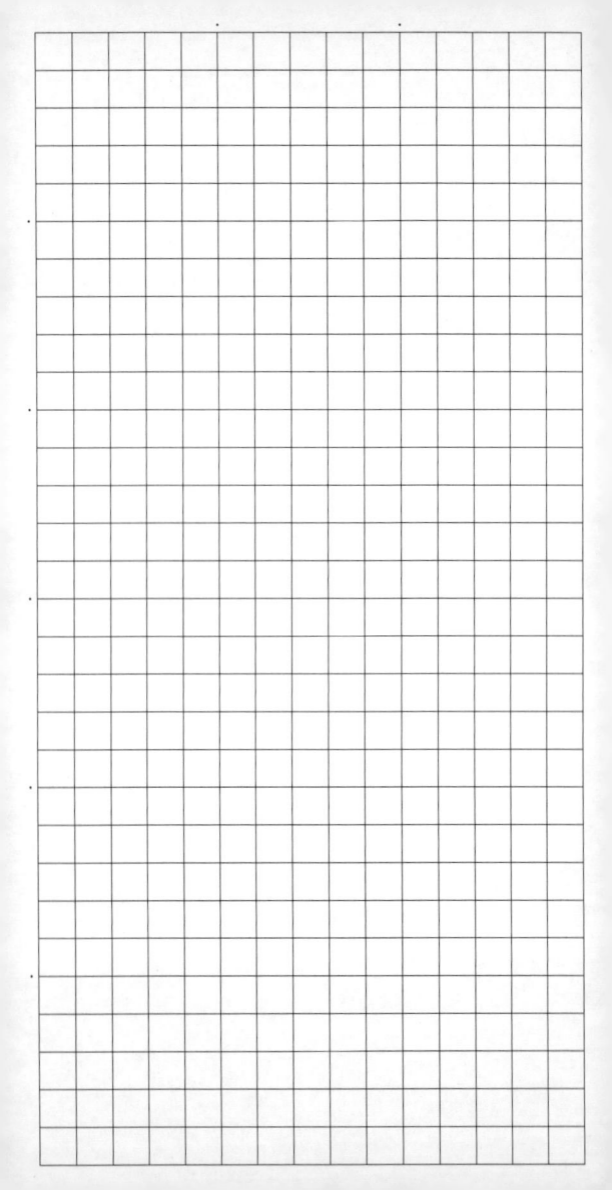

●参考文献——本書の編集・執筆にあたっては，主に以下の文献を参考にした。

『日本史広辞典』，『日本史要覧』，『文化財探訪クラブ』シリーズの①『探訪ハンドブック』，②『考古学の世界』，③『寺院建築』，④『神社建築』，⑤『民家と町並み』，⑥『城と城下町』，⑧『石仏と石塔』，⑨『仏像の世界』，『図説歴史散歩事典』，『図解文化財の見方—歴史散歩の手引』，『山川日本史総合図録』（以上は山川出版社刊），『大和天神山古墳』（奈良県教育委員会），『日本史学入門』（広文社）など

手控え

氏　名	
〒 自　宅	
電　話	
勤務先	
〒 所在地	
電　話	

血液型	
健康保険証 No.	
運転免許証 No.	

●写真所蔵・提供者一覧
佐藤英世（カバー表）　奈良文化財研究所（p.90）
安楽寺・上田市観光課（p.100上）　輪王寺（p.100下）
本門寺（p.101）　達磨寺・田中眞知郎（p.110）

歴史散歩便利帳《れきしさんぽべんりちょう》

2002年7月25日　1版1刷発行
2009年10月25日　1版7刷発行

編　者　野呂肖生《のろたかおい》
山川出版社編集部
発行者　野澤伸平
発行所　株式会社 山川出版社
〒101-0047 東京都千代田区内神田1-13-13
電話03(3293)8131(営業)
03(3293)8135(編集)
http://www.yamakawa.co.jp/
振替00120-9-43993
印刷・製本　菁文堂株式会社
装　幀　菊地信義

ISBN 978-4-634-60580-0